Pohle

Das Navigationssystem fürs Leben

ARISTON

Rita Pohle

Das Navigationssystem fürs Leben

Wie ich meine persönlichen Ziele finde und erreiche

ARISTON

Bibliografische Information der Deutschen Bibliothek

Die Deutsche Bibliothek verzeichnet diese Publikation in der
Deutschen Nationalbibliografie; detaillierte bibliografische Daten
sind im Internet unter http://dnb.ddb.de abrufbar.

© Heinrich Hugendubel Verlag, Kreuzlingen/München 2007
Alle Rechte vorbehalten

Textredaktion: Vera Baschlakow, Berlin
Umschlaggestaltung: ZERO Werbeagentur, München
Lektorat: Usha Swamy
Produktion: Inga Tomalla
Satz: EDV-Fotosatz Huber/Verlagsservice G. Pfeifer, Germering
Druck und Bindung: GGP Media GmbH, Pößneck
Printed in Germany

ISBN: 978-3-7205-4001-8

Inhalt

Vorwort

1. GPS – das »Ganz Persönliche Orientierungssystem« oder: Warum wir Ziele brauchen 13
   Wie sieht es mit Ihrer Orientierung aus? 14
   Warum es so schwer ist, eigene Ziele zu finden 16
   Sie haben sich verfahren 18
   Wenn Ziele auf der Strecke bleiben 20
   Sie können sich nicht entscheiden 21
   Sie haben nur Ersatzziele 23
   Keine Zeit für Ziele 24
   Ziele aufschieben 25
   Und ewig lockt der Holzweg 27
   Ziele, die sich auf andere beziehen 29
   Sie haben klare Ziele 30
   Ihnen fehlen Ziele 32
   Wünsche, Träume, Illusionen 33
   Der Mensch braucht einen Fokus 35

2. »N46° 42,344' E 006° 24,041', 984 m. ü. M.«
   oder: Wo stehe ich und wo komme ich her? 39
   Wo befinde ich mich gerade? 40
   Wo stehe ich? Eine Bestandsaufnahme 40
   Wo stehe ich familiär? 42
   In welcher Lebensphase befinden Sie sich? 43
   Wie geht es Ihnen? 44
   Ein Blick in den Rückspiegel 46
   Prägung durch Eltern 48
   Die Erlaubnis der Sippe 50
   Ich bin der Designer meiner eigenen Wirklichkeit 52

3. »Bitte Reiseziel eingeben« oder:
   So finden Sie Ihr Ziel heraus 55
   1. Schritt: Selbsterkenntnis 57
   Was ist mir wichtig? 60
   Meine Prioritäten und Werte im Leben 61
   Worin besteht der Sinn meines Lebens? 62
   Was ich wirklich gut kann 63
   Das kann ich nicht 65
   Selbstverantwortung und Selbstvertrauen 67
   Mein Selbstwert 69

   2. Schritt: Motivation 71
   Sich selbst motivieren 73
   Welcher Motivationstyp sind Sie? 74
   Konsequenz und Durchhaltevermögen 76
   Sich mit dem Druck verbünden 77
   Das eigene Motiv erkunden 79
   Der eigenen Berufung folgen 80
   Zum Handeln bereit sein 82
   Was opfere ich? 83
   Zum Scheitern bereit sein 84
   Sich entscheiden 87

   3. Schritt: Kreativität 88
   Träume ernst nehmen 88
   Fantasievoll und kreativ sein 90
   Die Kreativität trainieren 91
   Jederzeit kreativ 92
   Informationen sammeln 93
   Kreatives Schreiben 94
   Kreatives Kritzeln 95
   Malen und Zeichnen 95
   Gestalten mit Materialien 97
   Collagen 97
   Dem Vorstellungsvermögen vertrauen 98
   Trainieren Sie Ihre Vorstellungskraft! 100
   Sinnlich leben 102
   Beobachten mit allen Sinnen 103
   Verspielt sein 105

4. Schritt: Intuition 106
Dem Gefühl folgen 107
Verstand und Gefühl vernetzen 109
Leidenschaftlich leben 111
Auf den inneren Ratgeber hören 112
Meditieren 114
Visionär sein 116

5. Schritt: Inspiration 117
Neugierig und offen sein 119
Offen für scheinbare Zufälle sein 119
Sich beflügeln lassen 121
Sehnsüchte sind Impulse 122
Jeden Tag etwas Neues lernen 123
Sich inspirierende Menschen suchen 124
Sich mit einer höheren Intelligenz verbinden 124

6. Schritt: Flexibilität 126
Den Standpunkt verändern 127
Gewohnheiten durchbrechen 129
Eingefahrene Muster verändern 130
Beweglich bleiben 133
Realistisches positives Denken 134
Übertriebene Erwartungen runterschrauben 136

7. Schritt: Gelassenheit 137
Der Schöpfung vertrauen 139
Akzeptieren, was man nicht ändern kann 141
Nett zu sich selbst sein 143

4. »Die Route wird berechnet«
   oder: Welcher Weg führt zu mir? 147
   Der Ziel-Check 149
   1. Was ist mein konkretes Ziel? 149
   2. Was bringt es mir? 152
   3. Was bringt es den anderen? 156
   4. Was opfere ich dafür? 156
   5. Ist mein Ziel auch erreichbar? 157
   6. Ist es wirklich mein Ziel? 159

7. Wie sieht der erste Schritt aus? 160
An die eigenen Ziele glauben 161
Das Ziel visualisieren 162
Das Ziel loslassen 163

5. »Dem Straßenverlauf lange folgen«
   oder: Neun Etappensiege zum Ziel 167
   Etappe 1: Das Ziel ist konkretisiert und formuliert 168
   Etappe 2: Jede Reise beginnt mit dem ersten Schritt 169
   Etappe 3: Die Routenplanung 171
   Etappe 4: Durststrecken überwinden 172
   Etappe 5: Reisebekanntschaften 173
   Etappe 6: Den Fortschritt kontrollieren 174
   Etappe 7: Die Augen offenhalten 174
   Etappe 8: Im Stau 175
   Etappe 9: Kurs halten 178

6. »Nach 500 Metern haben Sie das Ziel erreicht«
   oder: Wie es danach weitergeht 181

Literaturliste 185

Die Autorin 189

Vorwort

In meinen Vorträgen und Seminaren geht es immer wieder um das Thema: »Welche Ziele habe ich in meinem Leben?«. Allein die Frage löst schon Verlegenheit aus, als handele es sich um ein Tabu. Bei einer meiner Lesungen vor über hundert Menschen in der Buchhandlung einer mittleren Kleinstadt bat ich meine Zuhörerinnen und Zuhörer, sich vorzustellen, ich wäre eine gute Fee und könne jedem einen Wunsch erfüllen. Auf meine Frage: »Was würden Sie sich von mir wünschen?« breitete sich Schweigen im Raum aus. Dann kamen zaghafte, vage Antworten: Größere Zufriedenheit, Harmonie, mehr Ruhe, Glück. Ein Mann wünschte sich immerhin einen Lottogewinn. Das war der einzige einigermaßen konkrete Wunsch. Aber er nannte weder eine Summe, noch wusste er eine Antwort auf meine Frage, was er mit dem Geld anfangen würde. Es scheint so, als seien uns Visionen, Sehnsüchte, Wünsche und Pläne einfach abhanden gekommen.

Erinnern Sie sich noch daran, wie Sie sich als Kind Ihr späteres Leben ausgemalt haben? Wollten Sie nicht einmal Pilotin werden oder für ein Jahr im Ausland arbeiten? Oder vielleicht nach Australien auswandern? Frühere Ziele bleiben im Laufe des Lebens oft auf der Strecke. Häufig erinnert man sich nicht einmal mehr an seine Träume. Übrig bleiben Resignation, ein diffuses Unwohlsein mit dem eigenen Leben, ein Mangel an Perspektiven und Fantasie. Aber der Mensch braucht Ziele, und seien es nur kurzfristige, denn sonst verpuffen seine Aktivitäten! Die Energie folgt der Aufmerksamkeit, und was sich der Mensch nicht vorstellen kann, kann er auch nicht erreichen.

Beim Autofahren orientieren wir uns mit Hilfe des GPS, des »Global Positioning Systems«. Es leitet uns zu unserem Ziel, zeigt auf dem Display die Strecke an und spricht mit uns. Aber das GPS hat einen Haken: Es sagt uns lediglich, wie wir irgendwohin kommen, aber nicht, wohin wir fahren sollen. Es funktioniert nur, wenn wir ihm ein konkretes Ziel eingeben. Ohne Zieleingabe keine Wegeführung!

Ähnlich funktioniert unser inneres Navigationssystem, das uns durch unser Leben führt. Wenn wir kein Ziel haben, findet es keinen Weg. Wer kein Lebenskonzept entwickelt und seine eigenen Ziele nicht lebt, wird fremdbestimmt. Ein solches Leben gleicht einer Fahrt ins Blaue, einer Reise mit unbekanntem Ziel. Es ist, als ob Sie eine Reise buchen und das Reiseziel dem Reisebüro überlassen. Wenn wir am Zielort angekommen sind, beschweren wir uns über das dortige Klima, die Unterkunft und das Essen. Wenn Sie wüssten, wohin Sie wollten, wäre es kein Problem, dorthin zu finden. Also: Was sind Ihre Ziele und wo liegen sie?

Mein Ziel besteht im Moment darin, dieses Buch zu Ende zu schreiben. Wenn Sie es lesen, habe ich mein Ziel bereits erreicht. Aber ich habe noch weitere ganz unmittelbare Ziele: Jeden Morgen mit Yoga zu beginnen, mehr auf gesunde Ernährung zu achten, abzunehmen, neue Projekte an Land zu ziehen, über meine weiteren geschäftlichen Projekte nachzudenken, nur noch sechs Tage in der Woche zu arbeiten und am Sonntag wirklich nichts zu tun, ein Seminar für Hundekommunikation zu besuchen, einen wirklich spannenden Krimi zu schreiben, den gelben Gürtel im Aikido zu machen und in ein Loft mit Aussicht zu ziehen. Ich glaube, das reicht an dieser Stelle, jedenfalls verrate ich nicht mehr!

Mein Buch verfolgt das Ziel, Sie wieder auf die Spur Ihrer eigenen Lebensaufgaben und Visionen zu bringen. Sie sind ohne Ziel? Sie wollen Ihrem Leben eine andere Richtung geben und Ihren Blickwinkel verändern? Dieses Buch will Sie anregen, Ihre verschütteten Potenziale auszugraben. Es soll Ihnen Impulse geben, sich an Ihre Träume zu erinnern und Ihre Sehnsüchte wiederzufinden, um diese in konkrete Ziele umzusetzen, die Sie in Etappen verwirklichen können. Egal, wie alt Sie sind, für einen Kurswechsel oder einen Neuanfang, für ein selbstbestimmtes, authentisches Leben ist es nie zu spät!

Was Sie brauchen: ein Fahrtenbuch
Für die nachfolgenden Kapitel und für Ihr kommendes Leben empfehle ich Ihnen, ein »Fahrtenbuch« zu führen. Dazu eignet sich ein leeres Notizbuch. Am besten kaufen Sie sich in einem Geschäft für Künstlerbedarf ein Skizzenbuch mit glattweißem Papier, ohne Linien und Karos. Kariertes Papier unterstützt kleinkariertes Denken, Linien grenzen Ihre Kreativität nach oben und unten ein. Nehmen Sie daher glattes, weißes Papier, damit Sie buchstäblich in alle Richtungen offen sind. Diese Bücher gibt es in verschiedenen Preiskategorien. Eine preiswerte Variante ist die aus dem Copyshop. Dort können Sie sich nicht nur Ihre Diplomarbeiten binden lassen, sondern auch aus hundert Seiten weißem DIN A4 Papier ein leeres Buch. Ob Sie Klebebindung oder Spiralbindung wählen, bleibt Ihnen überlassen. Lassen Sie sich vorne und hinten jeweils einen dickeren, farbigen Karton mit einbinden.

Im Gegensatz zum Tagebuch, das die Geschehnisse eines Tages festhält, wächst das Fahrtenbuch darüber hinaus. Sie werden im weiteren Verlauf Fragen und Übungen finden, die Sie mit Hilfe Ihres Fahrtenbuches bearbeiten können. Was immer Ihnen sonst noch einfällt, schreiben und skizzieren Sie es in Ihr Fahrtenbuch. Es eignet sich genauso gut für andere Notizen oder Ihre Einkaufslisten wie auch als Terminplaner, wozu Sie es auch immer brauchen. Benutzen Sie es täglich, nehmen Sie es unterwegs mit! So wird es wie Ihr Handy oder Ihre Handtasche ein treuer Begleiter.

1. GPS – das »Ganz Persönliche Orientierungssystem« oder: Warum wir Ziele brauchen

Es überrascht mich immer wieder, wie schlecht orientiert viele Menschen durch die Gegend laufen. Manch einer kann einen Stadtplan nicht von einem Schnittmusterbogen unterscheiden, versucht sich im Gewirr der Linien zu orientieren und gibt dann die Empfehlung: »Beim Fadenlauf sollten Sie links abbiegen« (zumindest in einer Fernsehsendung, deren Titel ich leider vergessen habe). Ebenso orientierungslos gehen viele durchs Leben. Fragt man sie nach ihren Lebenszielen, so scheinen sie sich darüber wenig Gedanken gemacht zu haben. Sie leben ohne Sinn und Ziel vor sich hin. Fragt man sie nach ihrem eigenen Weg, wirken sie so desorientiert, als hätten Sie sich im eigenen Leben verlaufen. Viele haben »null Peilung« und scheinen dringend ein GPS zu brauchen. Doch hier stößt das »Global Positioning System« an seine Grenzen. Dieses Navigationssystem arbeitet mit Satellitenunterstützung und kann den momentanen Standort berechnen. Gibt man dann das Ziel ein, vergleicht das GPS immer wieder den aktuellen Standort mit dem zu erreichenden Ziel und gibt die entsprechende Route vor. Allerdings benötigt das GPS eine entscheidende Information, um arbeiten zu können: die Zieleingabe. Wenn wir uns ins Auto setzen und nicht wissen, wohin wir wollen, hilft uns das beste Navigationssystem nichts.

Manche Menschen vermitteln den Eindruck, als hätten sie sich bei Nacht im Wald verirrt. Sie wissen nicht, wo sie in ihrem Leben stehen, und noch weniger, wohin sie wollen. Dabei mangelt es nicht an Möglichkeiten, denn es stehen uns alle Richtungen offen. Aber vielleicht ist gerade das das Problem, denn die Vielfalt macht die Entscheidung schwer. Wir wissen nicht, wohin wir wollen. Wir sind überfordert, unentschlossen und warten ab, bevor wir handeln. Oder wir überlassen die Entscheidung anderen, dem Partner, den Eltern oder dem Zufall. Dann leben wir ein Leben aus zweiter Hand. Wir sind manipulierbar geworden. Ohne eigenen Lebensplan und ohne persönliches Konzept leben wir fremdbestimmt oder wir werden gelebt. Vielleicht sind wir nur vorübergehend vom Weg abgekommen? Fehlt uns möglicherweise die Orientierung an den Werten traditioneller Institutionen wie Kirche und Familie? Mangelt es uns an Vorbildern? Es fehlt auf alle Fälle der Bezug zum eigenen Selbst.

Wie sieht es mit Ihrer Orientierung aus?

Wenn ich weiß, *dass* ich nach Barcelona will, ist das *Wie* kein Problem. Ich nehme das Flugzeug und überlasse dem Piloten die Route, oder ich steige ins Auto und suche mir vorher die Route heraus. Aber bis ich weiß, dass Barcelona mein Ziel ist und nicht irgendeine andere Stadt, kann Zeit vergehen. Der Mensch hat unendlich viele Optionen. Sie benutzen doch sicher auch ein Handy. Kaum jemand lebt ohne dieses mobile Telefon in seiner Tasche. Was tun Sie damit? Blöde Frage! Natürlich telefonieren. Falls Sie aber ein Gerät der neuesten Generation besitzen, haben Sie eine Vielzahl weiterer Möglichkeiten: Sie können damit fotografieren, sogar kleine Filme drehen, ins Internet gehen, es verwaltet Ihre Termine, es ist ein Wecker, eine Stoppuhr, ein Taschenrechner und darüber hinaus ein Diktiergerät. Es kann viele Funktionen erfüllen, wenn Sie sie zu bedienen verstehen. Doch vielleicht sind Sie sich dessen gar nicht bewusst. Fehlt Ihnen die Lust, die Gebrauchsanleitung durchzuackern? Machen Sie sich klar, dass Sie dann nur einen geringen Teil der eigentlichen Kapazitäten dieses Geräts nutzen.

Ähnlich verhält es sich mit dem hochkomplexen System »Mensch«. Auch er nutzt im Alltag nur einen geringen Teil der in ihm steckenden Kapazitäten. Was könnten wir alles noch lernen? Was für angeborene Talente haben wir, von denen wir vielleicht noch gar nichts wissen? Vielleicht sind wir begnadete Musiker oder talentierte Erzähler? Wir könnten noch vieles mehr, wenn wir unsere Fähigkeiten und Talente entfalten und ausleben würden. Aber oft wissen wir noch nicht einmal, dass wir sie haben, weil wir nur einen kleinen Teil entdeckt oder gefunden haben. Der Rest lauert im Verborgenen. Aber wie können wir diese inneren Schätze und Reichtümer heben? Dazu fehlt uns häufig die Gebrauchs- oder Bedienungsanleitung.

Das Leben ist wie eine Reise, und Sie sind Ihr eigener Reiseleiter. Sie allein bestimmen, wohin es geht. Es kann vorkommen, dass Sie in fremden Ländern auf unbekanntem Terrain Hilfe brauchen. Dann können Sie durchaus die Dienste eines einheimischen Reiseleiters für eine Weile in Anspruch nehmen. Sollten Sie ihn nicht mehr brauchen, entlassen Sie ihn. Wenn Sie den Fluss überquert haben, verbrennen Sie das Boot. Wer will denn schon zurückgehen, und falls es doch sein muss, denselben Weg wie auf der Hinreise nehmen?

Auf welcher Reise befinden Sie sich gerade? Vertrödeln Sie die schönsten Jahre Ihres Lebens mit langweiligen Kaffeefahrten oder befinden Sie sich auf einer Abenteuerreise? Gleicht Ihr Leben einer Dampferfahrt auf einem Binnensee oder eher einer Bildungsreise durch den Vorderen Orient? Welchen Mitreisenden haben Sie sich angeschlossen? Einem grölenden Kegelklub oder einer Gruppe von Freunden?

Auf welches Ziel steuern Sie hin? Fragt man einen Kollegen, worauf er hinarbeitet oder sich am meisten freut, lautet eine häufige Antwort: »Der nächste Urlaub«. Mir persönlich kommt es vor, dass dieser oft mit mehr Hingabe geplant wird als das eigene Leben. Kataloge werden gewälzt, Urlaubsziele und Preise verglichen. Wo ist der Strand breiter und das Wasser sauberer? Wo gibt es garantiert keinen Regen und wenig Touristen? Wir denken lange darüber nach, wohin wir fahren könnten, informieren uns bei Freunden, gehen auf Tourismusmessen oder kaufen Zeitschriften. Wir planen die Details und erstellen eine Liste mit Aktivitäten, die wir am Urlaubsziel unternehmen werden. Wir wissen genau, was wir sehen wollen und womit wir unsere Zeit verbringen. Wir haben Erwartungen an Unterkunft und Verpflegung und reklamieren, wenn sie sich nicht erfüllen.

Unsere Lebensplanung hingegen entspricht eher einem Last-Minute-Trip, gebucht beim Reiseveranstalter »Purer Zufall«. Gehetzt steigen wir in irgendein Flugzeug, ohne den Zielort zu kennen, geschweige denn zu wissen, was uns dort erwartet. Erst nach der Landung realisieren wir, dass wir hier niemals sein wollten. Wir beschweren uns dann auch noch über das Wetter, die Unterkunft und die Gegend. Wenn wir uns nicht selbst um unsere Reiseziele kümmern und sie festlegen, werden es andere für uns tun. Wenn wir nicht in der Lage sind, eigene Entscheidungen zu treffen, werden sie für uns getroffen werden.

Oft deklariert man Sackgassen, in denen man zufällig gelandet ist, nachträglich zum »Ziel«, erhebt den Partner, an dem man hängen geblieben ist, nachträglich zum »Traummann«, womit man sich selbst belügt. Auf diese Weise werden aus Müllhalden scheinbare Traumziele, anstatt von vornherein Hawaii zu buchen. Hätte man ein Ziel gehabt, wären einem diese »Zufallsziele« erspart geblieben. Aber wer sein Leben nicht in die eigene Hand nimmt, sich nicht entscheiden kann oder nicht zu seinen Entscheidungen steht, der reklamiert auch nicht, wenn er im Restaurant anstelle der bestellten Nudeln mit Fleisch Fisch und Reis serviert bekommt.

> **Übung: Eigene Orientierung**
> Beschreiben Sie den Weg von Norden, Süden, Osten und Westen her kommend zu Ihrem Haus. Fertigen Sie eine Anfahrtsskizze an.

Warum es so schwer ist, eigene Ziele zu finden

Ohne dass wir uns dessen bewusst sind, besteht unser ganzer Tagesablauf aus unterschiedlichen Zielen, die sich wie Perlen auf einer Schnur aneinanderreihen. Wenn morgens der Wecker klingelt, ist es unser Ziel, aufzustehen. Das gelingt mal besser, mal schlechter. Die weiteren Ziele, die sich dann anschließen, lauten: Duschen, Zähneputzen, Frühstückmachen, das Haus verlassen. Wir arbeiten mit dem Ziel, unsere Miete bezahlen zu können und vielleicht auch noch Spaß an unserer Arbeit zu haben. Wir führen Gespräche mit dem Ziel, uns auszutauschen und uns danach besser zu verstehen oder um dem anderen die Meinung zu sagen. Diese »Etappenziele« strukturieren den Tag und halten uns am Laufen. Wer nicht aufsteht, baut körperlich ab, wer sich nicht mehr wäscht, fängt an zu stinken. Wessen Tag keine Struktur, wessen Leben keine Ziele hat, der läuft Gefahr, körperlich wie auch sozial zu verwahrlosen.

Bestimmte Ziele werden uns durch unseren Lebensrhythmus vorgegeben: Schlafen und Wachen, Arbeiten und Erholen. Jede Tätigkeit hat ihre Zeit: Im Frühjahr wird gesät und im Herbst geerntet. Jeder Lebensabschnitt hat seine Ziele: die Schule beenden, einen Partner finden, die Scheidung überstehen, einen Job suchen, Karriere machen, Kinder kriegen, umziehen, gesund werden, Haus abzahlen, Urlaub machen, Abenteuer erleben, sich weiterbilden, Wissen weitergeben, sich zur Ruhe setzen, Krisen überstehen. Es handelt sich auch hierbei um Etappenziele, die man einfach nur durchleben, aber auch gestalten kann. Phasen, die es zu füllen gilt und andere, die überfüllt sind. Phasen der Leere und solche des Bilanzierens. Nur fehlen manchmal die übergeordneten Ziele. Was wollen wir im Leben erreichen? Wo wollen Sie in zwei Jahren stehen? Es gibt immer wieder Phasen der Orientierungslosigkeit, in denen man nicht mehr weiterweiß und glaubt, sich verlaufen zu haben. Zeiträume, in denen Ziele scheinbar abhanden gekommen sind, in denen man sich nicht mehr daran erinnert, was man früher von seinem Leben erwartet hat. Perioden der Frustration, weil man das Gefühl hat, dass sich seit Langem nichts bewegt hat. Phasen, in denen man in den Tag hineinlebt, ohne an das Morgen zu denken. Das könnte durchaus ein beneidenswerter Zustand sein, solange man damit zufrieden ist.

Manch einer erweckt den Eindruck, keine Ziele zu brauchen, während andere den Gedanken daran verdrängen. Frei nach dem Motto: »Es hat sich bisher immer irgendwie irgendwas ergeben«. »Ich habe keinen blassen Schimmer, was ich machen soll!«, meint Maren, die gerade ihr Abitur gemacht hat. Sie hat die Auswahl zwischen Superstar, Model, Neurologin – die volle Bandbreite also. Die heutige Gesellschaft bietet schließlich eine Vielzahl von Möglichkeiten, die zu Zielen werden könnten, doch welches davon macht Maren glücklich? Obwohl oder gerade weil ihr fast alle Türen offenstehen, scheint sie hoffnungslos überfordert zu sein.

Der eine ist überfordert und hat kein Ziel, der andere kann sich nicht entscheiden, weil er so viele hat: »Mehr Geld natürlich, mehr Zeit und 'ne tolle Frau«. Einem anderen wäre es am liebsten, im Lotto zu gewinnen und weniger zu arbeiten und weiterhin an der Illusion festzuklammern, dass dies der Inbegriff des Glückes sei. Manche Menschen vertagen ihre Überlegungen auf später: »Wenn die Kinder erst groß sind«, oder machen sie vom Partner abhängig: »Wenn der sich doch mal entscheiden könnte …«. Anderen fehlt generell die Orientierung, während es Zeitgenossen gibt, die schlicht keine haben. Wieder anderen fehlt der Weg zum Ziel, weil sie nicht wissen, wo sie stehen. Wer zwar sein Ziel, aber seinen Standort nicht kennt, wer nicht satellitengestützt aufzufinden ist, dem kann kein Navigationssystem den Weg zeigen.

Manch einer peilt ein Ziel an, das er im Laufe der Jahre wieder aus den Augen verliert. Er verfährt sich in seinem Leben und findet den Weg nicht mehr zurück. Andere wiederum sind wie blockiert: »Ich denke ja ständig nach, aber ich komme nicht drauf, was mein Ziel sein könnte«. Dabei gibt es Ziele wie Sand am Meer.

Dieses Buch möchte Ihnen dabei helfen, eine Antwort auf die Frage zu formulieren: Wie finde ich mein persönliches Lebensziel? Aber dazu muss zuerst Folgendes geklärt werden: Warum habe ich keins?

Übung: Meine Lebenstorte
Stellen Sie sich vor, Ihr Leben wäre eine Torte. Um welche Sorte würde es sich handeln? Schwarzwälder Kirsch, Sandkuchen oder Erdbeertorte? Teilen Sie diese Torte nun in 12 Stücke. Wie viele Stücke gehören jeweils zu welchem Bereich Ihres Lebens? Wie viele davon sind Arbeit, Liebe, Freizeit, Freunde, Familie, Sport ...?

Sie haben sich verfahren
Fehlt uns der Bezugspunkt, kann es passieren, dass wir uns verfahren oder verlaufen. Beispielsweise wenn es keine besonderen Gebäude gibt, an denen wir uns auf unserem Weg orientieren, oder die Landschaft keine prägnanten Merkmale aufweist. Wir können uns auch verirren, wenn wir keinen Kompass oder eine Karte dabeihaben. Ist das nicht der Fall, müssen wir über die Fähigkeit verfügen, eine Verbindung zwischen der abstrakten Karte und der konkreten Umgebung, in der wir uns befinden, herzustellen. Vor allem Frauen scheinen sich anhand von Fixpunkten zu orientieren: »An dem Turm muss ich mich rechts halten, an der Apotheke links abbiegen«. Offensichtlich haben wir es verlernt, einen Kompass gleichsam zu verinnerlichen und uns an diesem Gefühl zu orientieren: Ich gehe 100 Meter nach Südwesten, danach biege ich nach Osten ab. Manche

scheinen mit oder ohne Karte, mit oder ohne Kompass keinerlei Orientierung zu haben.

Das Leben orientierungsloser Menschen sieht ähnlich aus: Sie haben keine Peilung, sondern folgen vertrauten »Reiseleitern« wie Partnern oder Freundinnen oder bleiben ziellos. Dabei läuft man Gefahr, in die Irre geschickt zu werden. Bereits Rotkäppchen, das von seiner Mutter in den Wald geschickt wurde, hat sich verlaufen und wurde leichte Beute für den bösen Wolf.

Deshalb muss für einen Orientierungslosen der erste Schritt aus dem Dickicht darin bestehen, den eigenen Standort zu bestimmen. Wie das geschehen kann, werde ich Ihnen im nächsten Kapitel darlegen. Das GPS hat den Vorteil, dass über Satellitenpeilung automatisch der momentane Standort bestimmt wird und mit dem bestehenden Kartenmaterial verglichen wird. Aber falls Sie Ihren Standort nicht kennen, kann Ihnen das GPS nicht helfen. Wenn Sie nicht wissen, wo Sie stehen, kann es Ihnen nicht den Weg zum Ziel weisen.

Übung: Lottogewinn
Stellen Sie sich vor, Sie hätten im Lotto eine Million gewonnen. Was würden Sie damit tun?
Dies würde ich verändern:

_____

Ich würde langfristig Folgendes tun:

_____

Diese Missstände würde ich abschaffen:

_____

Was hindert Sie daran, diese Veränderungen jetzt gleich, ohne Lottogewinn, anzugehen? Mich hindert:

_____

Wenn Ziele auf der Strecke bleiben
Erinnern Sie sich noch an Ihr letztes Klassentreffen ungefähr zehn Jahre nach dem Abitur? Die obligatorische Frage, die einem gestellt wurde, lautete: »Und? Was machst du so?« Der von mir auf diese Weise befragte Mitschüler arbeitet heute auf der Ebene eines Sachbearbeiters, hatte mit Abschluss Germanistik studiert und seine Dissertation nie zu Ende gebracht. Ursprünglich wollte er Philosoph und Schriftsteller werden. Immerhin hat er ein Buch veröffentlicht. Der Rest seiner Ziele blieb auf der Strecke. Nach eigener Aussage hat er seine Karriere seiner Frau »geopfert«. Er hat ihr den Rücken frei gehalten, sich um die Kindererziehung gekümmert, sodass sie ihre eigene Karriere forcieren konnte. Mittlerweile sind die Kinder groß und das Paar hat sich getrennt, aber dem Mann ist es bisher nicht eingefallen, sich auf seine Ziele zu besinnen und sie erneut in Angriff zu nehmen.

Andere Menschen verlieren ihre Ziele an irgendeinem Punkt ihres Lebens völlig aus den Augen. Bruno hat während seines Medizinstudiums als Fremdenführer gearbeitet und sich mehr und mehr vom Studium weg in diesen Beruf hineinbegeben. Das kurzfristige Geld lockte, und das langfristige Ziel rückte immer mehr ins Abseits. Diese Beobachtung mache ich häufig. Nach dem Motto: »Ich mach erst mal eine Lehre und danach studiere ich.« Grundsätzlich ist gegen eine solche Auffassung nichts einzuwenden. Aber häufig lockt nach der Lehre eine Stelle mit regelmäßigem Einkommen, sodass das Studium völlig aus dem Blickwinkel verschwindet. Ein Studium bedeutet immer finanzielle Einschränkung. Hat man sich aber erst einmal an einen höheren Lebensstandard durch ein festes Einkommen gewöhnt, ist man oft nicht bereit, seine Ansprüche wieder herunterzuschrauben. Das ist sehr kurzfristig gedacht, denn eine qualifizierte Ausbildung bringt längerfristig auch ein höheres Einkommen.

Auch ich hatte mein Ziel, Designerin zu werden, über Jahre »eingefroren«. Mit 16 wollte ich die Schule verlassen, um an der Kunsthochschule Innenarchitektur zu studieren. Im Laufe der Jahre haben sich dann meine Interessen hin zur Literatur und Philosophie verlagert, sodass ich zunächst Germanistik und Philosophie studierte. Über den Umweg meines Zweitstudiums Design landete ich schließlich doch an der Kunsthochschule und arbeite heute gestalterisch überwiegend im Bereich der Innenarchitektur. Mein altes Ziel hat mich wiedergefunden oder ich habe es wiedergefunden – wie man will. Mit 16 Jahren war mir noch nicht klar, dass es eine meiner Aufgaben im Leben ist, Menschen das Schöne ins Haus zu bringen.

Andere können sich gar nicht mehr an ihre einstigen Ziele erinnern. Sie stecken im Alltagstrott fest, dass sie sich die Frage danach schon lange nicht mehr stellen. Sie fahren mit Vollgas und wissen nicht wohin. Sie stehen permanent unter Stress, dass sie sich keine Verschnaufpause leisten können, um von Zeit zu Zeit ihren Kurs zu überprüfen. Die Geschwindigkeit, mit der sie unterwegs sind, lässt sie glauben, dass es ständig bergauf geht. Manch einer fährt mit angezogener Handbremse, ein anderer sitzt in einem aufgebockten Fahrzeug, dessen Räder geklaut wurden, und gibt Vollgas, ohne zu merken, dass er nicht vom Fleck kommt. Wieder andere verlieren sich in Tagträumen. Sie bemerken nicht, dass sie sich in eine Vorstellung »verfahren« haben.

Übung: Wie ich mich fühle
Ich fühle mich heute:

_____

Gestern fühlte ich mich:

_____

In letzter Zeit fühlte ich mich immer wieder mal:

_____

Ich würde mich gerne so fühlen:

_____

Um das zu erreichen, müsste ich Folgendes ändern:

_____

Sie können sich nicht entscheiden
Vor fünfzig Jahren war es üblich, dass die Männer meist an demselben Ort, wo sie geboren wurden, blieben, um den Hof oder

das Geschäft des Vaters zu übernehmen. Die Frauen folgten ihren Ehemännern und mussten sich in anderen Umgebungen zurechtfinden. Sind Frauen vielleicht aus diesem Grund mobiler und flexibler?

Wir leben in einer Zeit scheinbar unbegrenzter Möglichkeiten, was unsere beruflichen und privaten Lebensentwürfe betrifft. Rein theoretisch stehen uns alle Möglichkeiten offen: Wir können leben, wo immer wir wollen, auswandern, umziehen, uns umschulen lassen. Diese scheinbare Fülle schafft Verwirrung und erfordert neue Kompetenzen wie Mobilität, Entscheidungsfähigkeit und Urteilsvermögen. Wer bin ich und wo will ich hin? Was ist gut für mich? Während die einen das als Herausforderung begreifen, fühlen sich andere davon überfordert. Sie können aus diesem Überangebot einfach nicht auswählen, denn es fehlen ihnen die Entscheidungskriterien.

Wie immer, wenn das Angebot überwältigend groß ist, kommt es auf die differenzierte Wahrnehmung und Bewertung an. Welche Reaktion ruft das Überangebot im Supermarkt bei mir hervor? Fühle ich mich überfordert und wie gelähmt, wenn ich zwischen 34 Waschmittelsorten wählen kann? Stehe ich unschlüssig vor dem Regal und wäge lange ab? Oder empfinde ich es als inspirierend, entscheiden zu können, sodass ich die Vielfalt an Produkten genieße? Entscheidungsfähigkeit ist zweifellos eine Kompetenz, die gefragt ist, wenn es um die Auswahl von Zielen geht. Wer sich nicht entscheiden kann, läuft Gefahr, dass andere dies für ihn tun.

Entscheidungskompetenz brauchen auch Menschen, die eine Vielzahl an Talenten besitzen, die sie nicht unbedingt in nur eine Richtung drängen: »Ich würde gerne Chirurgin werden, könnte aber genauso gut Kunst studieren oder schreiben. Ich bin vielseitig begabt und interessiere mich für fast alles!« Wenn neben dem Können in verschiedenen Bereichen noch Neugier und Wissensdurst hinzukommen, dann fällt die Fokussierung auf ein berufliches Ziel besonders schwer. Manche erklären dann den Weg zum Ziel. Wenn sie am Etappenziel angekommen sind, finden sich häufig folgende Reaktionen: »Was soll ich bloß hier«, oder: »Ja schön, hier wollte ich schon lange mal hin«.

Es gibt aber noch eine andere Spezies, die sich schlecht entscheiden kann – die Selbstüberschätzer oder Träumer. »Ich könnte eigentlich auch eine Hundepension eröffnen«, meinte ein Bekannter von mir, der noch nie einen Hund besessen hat. Er ist von seinen Fähigkeiten im Umgang mit diesen Tieren völlig überzeugt, obwohl er kein Frühaufsteher ist und ungern spazieren geht. Der Typus des Selbstüberschätzers, um nicht zu sagen des Hochstaplers, fühlt sich zu Vielem berufen und glaubt, dass nur seine unerschöpflichen Fähigkeiten ihn davon abhalten, sein Ziel zu finden. Zu dieser Spezies zählen natürlich auch Frauen, die sich nicht entscheiden können, ob sie lieber ein Restaurant oder ein Fitnessstudio eröffnen sollen. Sie haben weder Geld auf der hohen Kante noch irgendwelche Kenntnisse in Buchhaltung, dafür aber einen Sack voller scheinbarer »Ziele«. Sie bleiben meist stecken in ihren sicher gut gemeinten Absichtserklärungen. Es ist so, als würden Sie in ein Taxi steigen und dem Fahrer sagen: »Fahren Sie mich irgendwo hin, ich werde überall gebraucht«.

Sie haben nur Ersatzziele
»Ich kann mir keine Gedanken um so was machen! Ich habe mit meinem Haushalt genug zu tun, das reicht mir«. Gefangen im alltäglichen Hamsterrad der Pflichten scheint der Blick nur auf die nächste Runde gerichtet zu sein. Ähnlich dem Esel, der nur der Karotte nachläuft, die direkt vor seiner Nase hängt. Ihn interessiert es nicht, wohin ihn diese Karotte führt, er beschwert sich auch nicht, wenn er am Ende des Weges angekommen ist. Denn dieser Weg ist nicht *sein* Weg, das Ziel ist nicht *sein* Ziel.

Während einige Menschen ihr Leben bis ins Detail durchplanen und die Route präzise ausarbeiten, planen andere ihren Weg gerade mal bis zur nächsten Kreuzung. Wo sie dann abbiegen, entscheiden sie kurzfristig. Sie wollen den Arbeitstag hinter sich bringen und die lange Fahrt beendet haben. Sie streben danach, etwas erledigt zu haben. Erst dann machen sie sich Gedanken darüber, was als nächstes anfällt. Das mag darauf hinweisen, dass jemand ganz im Hier und Jetzt lebt. Es kann aber auch bedeuten, dass man überfordert ist und kein eigenes Programm hat. So sieht man sich das Fernsehprogramm an, nimmt Teil am Leben anderer, leiht sich die Gefühle aus dem Leben anderer. So muss man diese schon nicht selbst leben, muss kein

Risiko eingehen, das Haus nicht verlassen und sitzt im Trockenen. Das Fernsehprogramm wird zum Ersatz für das eigene Lebensprogramm.

Manche Ziele sind ein Ersatz für das eigene, nicht gelebte Leben. Bei manch einem hat sich der »Freitag« zum Hauptziel entwickelt. Bereits am Montag hat man es im Visier und übersteht die Woche nur aufgrund dieses Hoffnungsschimmers, der wie ein Lichtstrahl am Ende des Tunnels auftaucht. Am Freitag beginnt das Wochenende und allein auf dieses wird hingelebt. Für diese Spezies können die restlichen fünf Tage der Woche aus dem Kalender gestrichen werden, was rechnerisch bedeutet, dass sie 5/7 ihres Lebens vergeuden! Welch schlechte Bilanz! Anstatt es sich zum Ziel zu setzen, den fünf Arbeitstagen noch einen Sinn zu geben. Es kann ja an der Arbeit liegen, aber es liegt ganz bestimmt auch an der eigenen Haltung zur Arbeit.

Keine Zeit für Ziele
Man kennt es: Der Schuster hat selbst schiefe Absätze, der Arzt ist überarbeitet und kümmert sich wenig um seine eigene Gesundheit. Das Wohlbefinden der anderen liegt uns näher am Herzen als unser eigenes. Wir machen uns oft mehr Gedanken über die Beziehungen oder finanziellen Probleme unserer Mitmenschen als über unsere eigenen. Gefangen im Alltagstrott kommen wir anscheinend nicht dazu. Man hat zu wenig »Zeit« und zu viel um die Ohren. Dabei gibt es nichts Wichtigeres als unser eigenes Leben – gehen wir einmal davon aus, dass es nur das eine gibt. Keine-Zeit-zu-Haben ist die meist benutzte Ausrede und auch eine abgenutzte Floskel, hinter der sich das Unvermögen versteckt, Prioritäten zu setzen und zu bilanzieren. Denn Zeit haben wir alle. Ein jeder von uns hat 24 Stunden täglich. Zeit ist das einzige Kapital, das gerecht verteilt ist. Nur wie jeder es nutzt, ist unterschiedlich. Es hängt davon ab, was wir als wesentlich definieren. »Natürlich ist mir meine Gesundheit wichtig«, höre ich immer wieder. Auf die Frage hin, wie viel Zeit er damit verbringt, etwas dafür zu tun, herrscht zunächst Schweigen. »Nun ja, ich gehe im Ökomarkt einkaufen und einmal in der Woche zum Sport«. Das sind wöchentlich genau zwei Stunden Investition in die Gesundheit! Da kann man kaum von wichtig sprechen. Wenn der zeitliche Aufwand eine

andere Sprache spricht als unsere Absichtserklärungen, dann stimmt etwas nicht. Wie viel Zeit opfern Sie für welche Aktivitäten? Was ist Ihnen wirklich wichtig? Sport oder Gespräche mit Freunden? Weiterbildung oder Meditation? Fernsehen und im Internet surfen, PC-Spiele und Chatten. Stunde um Stunde verbringt der Mensch gerade mit diesen Medien. Es wird geschätzt, dass der tägliche Fernsehkonsum in Deutschland bei drei Stunden liegt. Und da ich persönlich diesen Durchschnitt senke, muss es einen anderen geben, der ihn anhebt.

Jeder von uns verbringt sicherlich mehr Zeit mit Blumengießen, Einkaufen, Wäschewaschen als damit, sich Gedanken über die eigenen Ziele machen. Dabei würden zehn Minuten am Tag genügen. Wenn Sie sich in dieser Zeit Gedanken über Ihr Leben, Ihre zukünftigen beruflichen Perspektiven und Möglichkeiten und über den Sinn und Zweck Ihres Handelns machen würden, kämen Sie bestimmt auf neue Ideen. Dann ist es nur noch eine Kleinigkeit, diese Ziele in Ihr GPS einzugeben und auf den Weg aufzubrechen.

> **Frage**: Wofür haben Sie in der Regel immer Zeit? Wofür oder für wen haben Sie anscheinend keine Zeit?

Ziele aufschieben

Häufig entwerfen wir seltsame Wenn-Dann-Kausalitäten, die uns vom Handeln abbringen: »Wenn die Kinder aus dem Haus sind, werde ich mich um mich selbst kümmern«, oder: »Wenn ich in Rente bin, werde ich reisen«, »Wenn ich gespart habe, werde ich mich selbstständig machen«, »Wenn ich im nächsten Urlaub am Strand liege, werde ich über mein Leben nachdenken«. Hier wird nicht nur das Ziel in die Zukunft verschoben, sondern auch die Überlegung, wie dieses aussehen könnte.

Bei Freunden bemerken wir schnell, wenn diese ihre Ziele Woche um Woche, Monat um Monat oder sogar um Jahre vor sich herschieben. »Wenn mein Sohn 14 ist, werde ich meinen Mann verlassen«. Der Sohn ist inzwischen 20. Verlassen wurde noch niemand. »Wenn die Schwiegermutter erst im Pflegeheim ist ...«, dann verändert sich alles wie von Zauberhand? Ein bisschen spät! Hier handelt es sich in den meisten Fällen um pure Absichtserklärungen und nicht um konkrete Ziele. Wie oft werden Absichten kundgetan, sodass wir darauf nur noch mit folgendem Satz reagieren: »Ja, ja, hast du schon oft erzählt«, weil wir nicht mehr an das Umsetzen in die Tat glauben. Solchen Absichtserklärungen fehlt die Kraft, sodass sie mit keiner Unterstützung von außen rechnen können. Die einzige Handlung, die hier in Richtung Ziel geht, ist das permanente Verschieben und Hinauszögern. Aber wir brauchen nicht im Leben anderer herumzusuchen, jeder von uns wird in seinem eigenen fündig: Welches Ziel verschieben Sie ständig? Den Urlaub? Ich selbst möchte schon seit Jahren nach Marrakesch und nerve mit diesem unerfüllten Wunsch allmählich meine Freunde. Dieses Jahr ist es hoffentlich soweit, den ersten Schritt habe ich immerhin schon getan: Meine Hunde sind bereits in der Hundepension angemeldet. Jetzt fehlt nur noch ein gebuchter Flug, um meinen Plan in die Tat umzusetzen.

Was hindert einen daran, Ziele zu realisieren? Manchmal ist es Zeit- oder Geldmangel oder ganz einfach die Angst vor der eigenen Courage.

Vorgeschobene Ziele können aber auch dazu dienen, ein »Gesprächsthema« zu haben, um im Freundeskreis noch mitspielen zu dürfen! Manchmal gerät man unter gesellschaftlichen Druck, wird nach dem nächsten Urlaubsziel gefragt und fängt an zu träumen! Es kann auch passieren, dass sich ein altes Ziel überholt hat. Man benötigt es nicht mehr, da es im Leben keine Bedeutung mehr hat. Was hindert uns dann daran, sich von ihm zu verabschieden? Denn erst wenn Altes geht, kann Neues kommen. Und manche Ziele werden in aufgeschobenem Zustand nicht interessanter. Haben Sie irgendetwas Angefangenes zu Hause herumliegen? Einen halben Pullover, der noch an den Stricknadeln hängt und so seit Jahren in der Ecke herumliegt? Ein angefangenes Modellflugzeug, das man nur noch zusammenkleben müsste? Das Ziel, dieses Ding zum Ende zu bringen, klappt, aus welchem Grund auch immer, anscheinend nicht. Also lassen Sie es los. Werfen Sie es weg oder verschenken Sie es. Angefangenes und seit Jahren nicht zu Ende Gebrachtes blockiert neue Aktivitäten. Wirklich wichtige, aufgeschobene Ziele sollte man innerhalb einer festgelegten Zeit realisieren.

Während meines Studiums hatte ich immer wieder Kommilitonen, die seit Jahren ihren Abschluss rausgezögert haben. Von Doktorarbeiten gar nicht zu reden! Nach zehn Jahren war bei vielen noch immer kein Land in Sicht. Das Ziel war nach wie vor da, die Motivation auch. Was fehlt hier? Der zeitliche Druck zum einen und die Fähigkeit, sich mit der eigenen scheinbaren Perfektion auseinanderzusetzen. Klar, wenn ich noch Jahre an diesem Buch schreiben kann, fließen Tag für Tag neue Ideen hinein und es wird vielleicht noch besser. Aber nur vielleicht. Prüfungen, Bücher, alles, was wir produzieren, sind Momentaufnahmen, wie das Leben selbst auch. So und nicht anders ist es jetzt, ob gut oder weniger gut. In fünf Jahren hat sich mein Wissensschatz sicherlich erweitert, aber ob dann die Prüfung besser wird, kann niemand vorhersagen. Das Ziel heißt hier »Perfektion«, und diese gibt es nicht. Sie ist eine Illusion. Hier hilft nur eine zeitliche Zielvorgabe.

> **Frage**: Welches Ziel schieben Sie ständig auf?
> Was oder wer hindert Sie daran, es zu realisieren?
> Was hindert Sie daran, sich von diesem Ziel ganz zu verabschieden?

Und ewig lockt der Holzweg

»Ich habe schon so meine Ziele, ich wünsche mir einen tollen Job, will erfolgreich sein, mehr Geld und weniger Probleme haben und natürlich einen Partner. Aber ein richtiges Lebensziel habe ich eigentlich nicht«. Hier herrscht Verwirrung. Man kann sich nicht entscheiden, was in welcher Reihenfolge im Leben wichtig ist. Es herrscht Unverbindlichkeit, und es fehlt an einer klaren Linie und einem Fokus.

Vielleicht kennen Sie das Gefühl, »im falschen Film« zu sein. Die eigene Intuition weiß längst, dass irgendetwas falsch läuft. Hören Sie in Zukunft auf Ihre innere Stimme, und nehmen Sie Ihre Gefühl ernst! Die »falschen« Ziele können ein guter Indikator für den »richtigen« Weg sein. Wie merkt man, dass man auf dem »Holzweg« unterwegs zum falschen Ziel ist?

Wer von uns kennt das nicht: Man verspürt das diffuse Gefühl, dass irgendwie der »Wurm« drin ist, dass es nicht rund läuft? Wenn ich einen Auftrag annehme, habe ich oft schon am Telefon eine dunkle Ahnung, dass es kompliziert wird, dass der Kunde psychische Probleme hat oder irgendetwas nicht stimmt. Spätestens wenn solch ein Projekt dann vollends scheitert, sage ich mir: »Hättest du eben gleich am Anfang mal auf dein Gefühl gehört«.

Fehlschläge und Misserfolge können ebenso wie Krankheiten und Unfälle ein Zeichen dafür sein, dass wir nicht gut mit uns umgehen, gegen uns selbst arbeiten oder nicht auf dem richtigen Weg sind. Hier steht das Schild »Umleitung«. Dieses »Verkehrszeichen« versucht uns wieder auf den richtigen Weg zurückzuführen. Eine gehäufte Anfälligkeit für Infekte aller Art sollte bei jedem von uns die Alarmglocken bimmeln lassen! Ebenso sind Unfälle, auch nicht selbstverschuldete, ein Hinweis zum Innehalten oder auch zur Umkehr. In jedem Fall sollte man sich eine Auszeit nehmen, sich mit sich selbst beschäftigen und sich etwas Gutes tun.

Krankheiten sind ebenso Indikatoren dafür, dass etwas im Leben schiefläuft. Plötzlich auftretende Allergien, die es unmöglich machen, Ihren jetzigen Beruf weiter auszuüben, können ein Zeichen sein, sich neu zu orientieren. Es ist immer schmerzhaft, Altes aufzugeben, aber Krisen sind einmalige Chancen für seelisches Wachstum. Von selbst würden wir unser altes Leben vermutlich niemals ändern, sodass wir auf diese »Tritte des Schicksals« angewiesen sind, um unseren persönlichen Königsweg einzuschlagen. Dass dieser steinige Trampelpfad zu unserem wahren Ziel führen soll, wollen wir nicht wahrhaben. Wohin er führt, weiß zunächst keiner, nur dass kein Weg an ihm vorbeiführt, ist bei den Zeichen von außen meistens klar.

Zu den Schicksalsschlägen gehört auch, dass wir von Menschen Abschied nehmen müssen, die einen anderen Weg wählen und unseren nicht länger mit uns gehen. Sie bleiben entweder stehen oder sind bereits woanders abgebogen. So schmerzhaft es auch sein mag: Man darf die Menschen, die einen anderen Weg wählen, nicht aufhalten. Sie machen Platz für neue Begegnungen, wofür man ihnen dankbar sein sollte.

Wenn etwas im zwischenmenschlichen oder geschäftlichen Bereich mit einer zu großen Anstrengung verbunden ist, zeigt das, dass etwas aus der Balance ist. Wenn die Energien richtig fließen, hat man auch nach einer anstrengenden Aktion das Gefühl, im Einklang mit sich selbst und der Welt zu sein.

Übung: Nur noch ein Jahr
Wie oft vergeuden wir unsere Zeit oder tun so, als würden wir ewig leben. Stellen Sie sich vor, Sie hätten nur noch ein Jahr zu leben. Was würden Sie jetzt sofort in Ihrem Leben verändern?
Ich würde sofort Folgendes verändern:

___

Ich würde langfristig Folgendes tun:

___

Ich würde folgende Missstände abschaffen:

___

Ziele, die sich auf andere beziehen

Nicht wenige antworten, wenn ich sie nach ihren Ziele befrage, so in etwa mit: »Ich wünsche mir, dass mein Partner endlich zur Einsicht kommt«, oder: »Ich möchte, dass mein Chef endlich meine Arbeit anerkennt«. Wir möchten, dass unsere Mitmenschen sich uns gegenüber anders verhalten. Dahinter verbirgt sich aber ein anderes Ziel – den anderen umzuerziehen, ihm etwas ab- oder anzugewöhnen, kurz: ihn zu manipulieren. In das Leben eines anderen Menschen ohne dessen Zustimmung einzugreifen ist Manipulation. Die Absicht, die hinter dieser Einmischung steckt, ist vordergründig eine edle. Wir wollen den anderen helfen, dass es ihnen gut geht, dass sie ihre Probleme loswerden und bessere, glücklichere Menschen werden. Denn wir scheinen ausgezeichnet darüber Bescheid zu wissen, was für die anderen gut ist, und wir tun unser Wissen meist ungefragt kund.

Wie würde ich mich im umgekehrten Fall fühlen? Wenn der Partner erwartete, dass ich all seine Bedürfnisse befriedige, mich so verhalte, wie er es gerne hätte, mich ändere, um ihn glücklich zu machen? Zum einen ist es nicht die Aufgabe eines Partners, die Bedürfnisse des anderen zu erfüllen, und zum anderen sind wir alle mit unseren eigenen Problemen und Zielen ausreichend beschäftigt. Also sollten wir uns lieber um uns selbst kümmern und uns nicht auch noch in das Leben unserer Mitmenschen einmischen.

Wir beschäftigen uns zu einem großen Prozentsatz mit den Problemen und Themen anderer. Was hätten wir für Kapazitäten an Zeit und Energie frei, wenn wir dies unterließen. Was könnten wir mit dieser Zeit alles anfangen! Warum zerbrechen Sie sich Ihren Kopf um andere oder halten ihn für sie hin? Oft sind Kopfschmerzen ein Zeichen, dass man sich zu viele Gedanken um Dinge macht, die einen nichts angehen.

Man mischt sich bereits ins Leben eines anderen Menschen ein, wenn er oder sie Teil des eigenen Ziels wird. Ich kann mir wünschen, dass der andere mich liebt, aber ich muss mir darüber im Klaren sein, dass meine Liebe vielleicht nicht Teil seines Lebens ist. Er hat vielleicht andere Ziele und Wünsche, die ich respektieren muss. Jeder hat sein eigenes Lebenskonzept, und ob ich im Leben des anderen vorkomme, ist fraglich. Der Wunsch: »Ich will, dass er mich liebt«, ist verständlich. Aber halten Sie sich aus dem Leben dieser konkreten Person heraus. Formulieren Sie Ihr Ziel stattdessen so, dass es auf Sie selbst bezogen ist. Lassen Sie es los! Wenn daraus nichts wird, formulieren Sie Ihr Ziel um: »Ich wünsche mir einen Mann, der mich liebt und den ich auch liebe«. Wenn er nicht das momentane Objekt Ihrer Begierde ist, wird Ihnen ja vielleicht ein passendes Exemplar geliefert.

> **Übung: Was würden Sie an anderen gerne ändern?**
> Schreiben Sie sich eine Liste mit Namen, und notieren Sie Ihre Änderungswünsche dazu, – und dann verabschieden Sie sich bewusst von Ihrem Vorhaben.

Sie haben klare Ziele

Dann brauchen Sie dieses Buch nicht! Hoffentlich sind es Ihre eigenen Ziele, nach denen Sie Ihr Leben ausrichten, und nicht die Ihrer Eltern, Großeltern oder Ihres Partners. Manche haben das klare Ziel, es »dem anderen recht zu machen«. Das kann so weit führen, dass sie Partner ehelichen oder Berufe ergreifen, die die Eltern für sie vorgesehen haben. Damit haben sie deren Ziele zu ihren eigenen gemacht. Das gleiche Prinzip liegt der Umkehrung zu ihrem Grunde: Der oppositionelle Typ ergreift den Beruf des Vaters nicht (obwohl er vielleicht gerne Bäcker geworden wäre), weil er seine Identität in Opposition zu seinem

Vater aufbaut. Ganz nach dem Motto: »Auch wenn ich das Ergebnis nicht will, mache ich genau das Gegenteil«. Wenn Sie sicher sind, dass Sie selbst gewählte Ziele und nicht die Ihrer Eltern, der Gesellschaft oder Ihres Partners verfolgen, können Sie sich glücklich schätzen. Dann gehören Sie meiner Beobachtung nach zu einer bemerkenswerten Minderheit.

Allerdings können die eigenen Ziele durchaus mit denen eines anderen Menschen übereinstimmen. Es gibt sehr erfüllte Partnerschaften, in denen gemeinsam auch geschäftliche Projekte aufgebaut werden und die Zielsetzung dieselbe ist. Voraussetzung für ein beiderseitig erfolgreiches Leben ist, dass beide dieses Ziel mit Leidenschaft verfolgen und nicht gezwungenermaßen. Aber lassen Sie mich an dieser Stelle dennoch die Ziele hinterfragen. Denn es gibt sie, die Konsequenten und Gnadenlosen (meist sich selbst gegenüber), die anscheinend ganz genau wissen, was sie wollen. Sie wissen auch, wann sie es wo wollen. Sie haben oft einen beneidenswerten Plan, und sie folgen ihrer exakt gezeichneten Route selbst dann noch, wenn sie unterwegs merken, dass sie sich in der Gegend nicht wohlfühlen. »Was man angefangen hat, macht man zu Ende«, lautet das Motto dieser sehr disziplinierten Spezies. Hier wird das Prinzip über die eigenen Bedürfnisse und Leidenschaften gestellt.

Etwas gnädiger mit sich selbst sind dann noch die Zielstrebigen, die meist einen guten Grund haben, das zu tun, was sie tun. Oft ist dieser Grund materieller Art oder es geht um Status. Diese Motivation funktioniert so lange, wie die Ziele noch unerreicht sind. Sobald die materiellen Wünsche erfüllt sind, kann es zu einer tiefen Sinnkrise kommen. Ganz klare Ziele haben oft auch die Nachahmer, die ihren Vorbildern nacheifern und so werden wollen wie »Mr. X«. Das Ziel heißt hier Entfremdung von sich selbst auf die Gefahr hin, sich selbst ganz aus dem Blick zu verlieren. Körperliche Symptome bis hin zu Krankheiten sind der Preis, den man für ein fremdbestimmtes Leben zahlt.

Glücklicherweise existieren auch die Leidenschaftlichen, die ein ganz klares Ziel haben, dem sie, angetrieben von einer ungebrochenen inneren Kraft, mit Herz und Seele folgen. Diese Menschen scheinen »berufen« zu sein. Selbst wenn der Weg steinig und entbehrungsreich ist, kommt kein anderer für sie in

Frage. Was sie so sicher macht, bleibt ein Geheimnis. Häufig sind es Künstler, die diese Intensität leben und spüren. In ihrem Leben ist kein Platz für Kompromisse, bestimmte Dinge kann man nicht nebenher und nur fünfzigprozentig machen. Auf der Bühne benötigt man volle Präsenz oder man braucht gar nicht erst aufzutreten.

Diese leidenschaftlichen Menschen sind selten, aber Sie erkennen sie sofort: Es ist der Friseur, der ganz in seiner Arbeit aufgeht, der Kellner, der mit Leidenschaft »dient«, der Busfahrer, der seine Fahrgäste mag und sie das auch spüren lässt. Von diesen Menschen kann man lernen, dass es nicht unbedingt wichtig ist, was man tut, sie unterscheiden sich von ihren Zeitgenossen durch die Art, *wie* sie es tun.

Ihnen fehlen Ziele

Leben Sie in den Tag hinein, ohne einen Gedanken an morgen zu verschwenden? Sie sind davon überzeugt, dass Sie ohne Ziele spontaner und freier leben können? Oder sind Sie so verankert im Hier und Jetzt, dass Sie keine Ziele brauchen, da sich Ihrer Meinung nach alles von Tag zu Tag ergeben wird? Ein beneidenswerter Zustand, falls Sie wirklich damit zufrieden sind. Läuft alles »nach Plan«? Ist für die Miete gesorgt? Es besteht anscheinend keine Notwendigkeit, irgendetwas verändern zu müssen, der emotionale Zustand lässt sich mit Zufriedenheit beschreiben. Jedenfalls sieht es so von außen aus. Aber fehlt hier wirklich nichts? Ist ein Leben ohne Perspektive überhaupt denkbar? Oder ist diese scheinbare Zufriedenheit nur ein Schutz sich selbst gegenüber und nach außen, wo ständig gefragt wird: »Was hast du eigentlich vor?« Keine Frage, wer mit diesem Zustand zufrieden bis glücklich ist, soll ihn so belassen.

Wer sich jedoch als »ziellos« erkennt und sich auch ansonsten nicht ausgelastet fühlt, wer mit sich und anderen unzufrieden ist und ständig herumnörgelt, dem scheint etwas zu fehlen. Menschen, die häufig von einer inneren Leere oder Langeweile geplagt sind, die das Gefühl haben, dass irgendetwas nicht stimmt oder dass sie etwas verpasst haben, sind häufig ziellos. Die Lähmung, die durch solche Zustände erzeugt wird, blockiert zukünftige Perspektiven, wie umgekehrt fehlende Ziele Geist und Körper blockieren. Wenn ich keine Herausforderungen mehr spüre, habe ich im schlimmsten Fall keinen Grund mehr, morgens aufzustehen. Der Kreislauf kommt nicht in Schwung, ich schlaffe ab, nehme zu, werde unbeweglich und verwahrlose irgendwann in meinen eigenen vier Wänden. Ohne Antrieb kommt nichts in Bewegung. Wenn der äußere Druck wegfällt, weil materiell für alles gesorgt ist, setzen Stagnation wie auch körperlicher und geistiger Abbau ein. Der Mensch braucht aber Herausforderungen, um sich weiterzuentwickeln – in welche Richtung auch immer.

Menschen, die das Gefühl haben, dass sie ihre Ziele niemals verwirklichen können, verlieren den Lebensmut. Resigniert nach abgelehnten Bewerbungen oder scheinbaren Misserfolgen, trauen sie sich nichts mehr zu und haben das Gefühl, dass jede Anstrengung vergeblich ist. Andere haben vielleicht altersbedingt keine Ziele mehr. Sie haben anscheinend alles im Leben erreicht, sind abgeklärt und ohne Wünsche. Oder es setzt nach einem ausgefüllten und stressigen Berufsleben nach der Pensionierung die absolute Leere ein. Materiell haben sie alles erreicht. Jetzt, wo sie beruflich aus dem Spiel sind, scheinen andere Ziele überflüssig geworden zu sein. Aber was hält sie am Laufen? Wo sind die Träume geblieben, die sie früher hatten? Sich am scheinbaren Ende der Zielgerade neue Ziele zu setzen, ist die wahre Herausforderung.

Wünsche, Träume, Illusionen
Wenn von Zielen die Rede ist, handelt es sich in vielen Fällen eher um Wünsche oder Träume oder reine Illusionen. Das Ziel, im Lotto zu gewinnen, hat jeder, der Lotto spielt. Wer den Wunsch äußert: »Ich will im Lotto gewinnen«, ohne überhaupt gespielt zu haben, hängt einer Illusion nach. Diese illusionäre Haltung ist nicht nur in Bezug aufs Lottospielen symptomatisch. Der Mensch wünscht sich oft Dinge oder Situationen, ohne dafür etwas getan zu haben oder überhaupt ein Opfer bringen zu wollen. Selbst vor dem Eintritt ins Schlaraffenland liegt ein großer Berg mit Griesbrei, durch den man sich fressen muss. Betrachten Sie Ihre Wünsche als kleine Wegschilder, die bereits in die Zielrichtung weisen.

Aus Wünschen und Träumen können Ziele entstehen, indem man in diese Richtung aktiv wird. Ein Ziel muss noch nicht realisiert sein, aber man sollte sich auf dem Weg dorthin befinden. Wenn mein Ziel Barcelona heißt, dann existiert diese Stadt immerhin schon. Ich muss nur noch dahin. Wenn ich das Ziel verfolge, ein Haus zu bauen, habe ich entweder schon einen Bauplatz gekauft oder einen Plan gezeichnet oder aber einen Bausparvertrag abgeschlossen. Ich habe für mein Ziel bereits etwas getan. Sie können aus jedem Wunsch sofort ein Ziel machen, indem Sie handeln! Wünsche tragen die Tendenz in sich, in Erfüllung gehen zu wollen. Vielleicht kennen Sie selbst Ereignisse, in denen Sie sich etwas wünschten, das sich schließlich erfüllt hat. Warum brachte der Weihnachtsmann den gewünschten Farbkasten? Weil Sie ihm einen Wunschzettel geschrieben oder es Ihren Eltern gesagt hatten. Wenn man Wünsche kommuniziert, können sich die entsprechenden »Reiseleiter« und Helfer einstellen.

Aber Vorsicht, nicht jeder erfüllte Wunsch entpuppt sich im Nachhinein als positiv! Kennen Sie nicht auch Situationen, in denen Sie rückblickend ganz froh waren, dass Ihr Wunsch nicht erhört wurde? Wie eine meiner Freundinnen zu sagen pflegte: »Sie hat sich diesen Mann zwei Jahre lang gewünscht und sieben gebraucht, um ihn wieder loszuwerden«. Also Achtung vor Wünschen, denn sie wollen sich erfüllen! Unerfüllte Wünsche wirken gegen uns. Sie rauben uns Energien, indem wir permanent an sie denken und an ihnen »kleben«. Also verabschieden Sie sich von ihnen oder machen Sie sie zu einem Ziel. Aus Wunschträumen können Ziele werden, wenn man sie als solche formuliert und innerhalb der nächsten drei Tage aktiv wird.

Verabschieden Sie sich dagegen von Illusionen, die in den Wolken schweben. »Ich wollte, ich wäre ein Mann« ist pure Illusion. Wobei es heutzutage allerdings medizinische Möglichkeiten gibt. »Ich wäre so gerne eine bekannte Sängerin«, ist in meinem Fall eine Illusion, denn ich kann überhaupt nicht singen. Falls ich es könnte, wäre die Aussage ein Wunsch. Würde ich nun Unterricht nehmen und Verbindungen knüpfen, könnte es zu einem Ziel werden. Illusionen wirken oft wie Kleister – man bleibt darin stecken. Sie sind nur in den eigenen Vorstellungen existent, was manch einem Zeitgenossen genügt. Sie spielen Luftgitarre und leben in der Illusion, dass unter günstigeren Bedingungen ein erfolgreicher Musiker aus ihnen geworden wäre. Ja, wenn mir Mutti als Kind eine Gitarre gekauft hätte und mir Unterricht bezahlt hätte. Hier wird die Verantwortung für den Nichterfolg auch auf die Umgebung abgewälzt. Andere halten sich für große Gitarristen, weil sie leidlich Gitarre spielen und nur darauf warten, »entdeckt« zu werden. Sie stecken in ihrer Fehleinschätzung fest, die von der Selbstüber- bis hin zur Unterschätzung reicht.

> **Frage**: Von welchen Illusionen können und wollen Sie sich sofort verabschieden?

Der Mensch braucht einen Fokus

Sicherlich kennen Sie folgendes Phänomen: Sie wollen sich ein neues Auto kaufen und liebäugeln schon lange mit einem bestimmten Modell. Plötzlich begegnen Sie diesem Modell ständig auf der Straße, es scheint überall zu sein. Sie wundern sich, dass Ihnen das früher nicht aufgefallen ist! Als ich vor Jahren anfing, mich mit Feng Shui zu beschäftigen, stieß ich überall auf das Thema. Die Zeitschriften schienen voll davon. Das zeigt, dass alles eine Form der Energie ist, die Sie ausstrahlen und zurückbekommen. Sie bekommen das zurück, was Sie, auch nur gedanklich, ausstrahlen. Es scheint so, als ob die Gedanken genau das, womit man sich zur Zeit beschäftigt, aus dem Umfeld holen. Man trifft auf Leute, die sich auskennen, stößt auf Bücher zum Thema oder es passieren seltsame Zufälle. Das eine scheint das andere nachzuziehen. Wenn man seine Aufmerksamkeit auf etwas Bestimmtes konzentriert, sich zentriert, den Fokus auf ein Ziel ausrichtet, dann können sich ungeheure Energien bündeln. Wie ein Spot auf einer schwarzen Bühne wird genau das angestrahlt, was wir sehen wollen: das Ziel. Wir laufen blind, schlafwandlerisch oder mit Scheuklappen durch die Welt und wundern uns, dass wir nichts finden. Wir können aber nur das finden, wonach wir suchen! Und wir erkennen nur das, was wir kennen.

Von den Ureinwohnern Südamerikas wird erzählt, dass ihnen die spanischen Eroberer wie Götter erschienen, die aus dem Wasser auftauchten. Sie konnten die Schiffe der Eroberer draußen auf dem Meer als solche nicht wahrnehmen, weil sie noch nie derart große Schiffe gesehen hatten. Auch heute ist es noch so: Wir können nur das sehen, was wir kennen! Besondere »Seher« sahen schon damals mehr und haben die Ureinwohner auf die Schiffe aufmerksam gemacht. In dem Moment konnten sie sie erkennen! Stellen Sie sich vor, wie vieles wir nicht sehen, weil unsere Wahrnehmung all das herausfiltert, was wir nicht kennen. Was mag uns alles entgehen? Wie oft werden wir gefragt: »Hast du das gesehen?« Erst nachdem wir auf den seltenen Vogel, den lieblichen Klang, den zarten Duft aufmerksam gemacht wurden, konnten wir ihn auch wahrnehmen.

Genauso verhält es sich mit Zielen: Wenn ich nichts im Visier habe, kommt mir auch nichts vor die Flinte! Somit kann der Großteil des eigenen Lebens ungelebt bleiben. Unsere Kapazitäten und Potenziale liegen brach. Ziele, die wir weder sehen noch kennen, können wir auch nicht erreichen. Wir können nur das erreichen, was wir uns vorstellen können. Das heißt, dass Begrenzungen nur im menschlichen Vorstellungsvermögen stattfinden. Andererseits bedeutet es auch, dass wir – fast – alles erreichen können, was wir uns vorstellen können.

Also schalten Sie Ihr inneres Navigationssystem ein! Es stehen jede Menge Ziele zur Auswahl. Die Entscheidung, welche Ziele Sie wählen, kann Ihnen keiner abnehmen. Aber Ihr GPS arbeitet ja satellitenunterstützt, Sie müssen sich nur mit Ihrem Höheren Selbst verbinden. Zusammen mit den Daten Ihres Standorts wird der optimale Weg zu Ihrem Ziel berechnet. Zur Zielfindung gehört die Selbstreflexion. Sie ist das Wissen darüber, was einem guttut und was man will.

Sie haben die Wahl: Sie können sich mit Ihren Zielen auseinandersetzen und endlich aktiv werden. Oder Sie können den bequemen Weg wählen: Dem Leben anderer Menschen von der Couch aus zusehen, sich durch die Fernsehprogramme zappen als Ersatz für Ihr eigenes Lebensprogramm. Sie können sich für oder gegen ein erfülltes, selbstbestimmtes Leben entscheiden. Es gibt kein richtiges oder falsches Ziel. Was sollte falsch an München und richtig an Nürnberg sein? Wir haben die Neigung, ständig alles zu bewerten: »Das ist dort besser und dort weniger gut«. Das will ich nicht und so will ich es, das ist gut und das ist schlecht. Es entstehen Probleme, wenn wir immer

Dinge wollen, die es gerade nicht gibt. Ziele bündeln Energien, die sonst irgendwo verloren gingen. Wenn wir etwas wirklich wollen, entwickelt sich eine ungeheure Kraft. Wenn wir allerdings nicht wissen, um was es sich handelt, verpufft sie. Ziele fliegen uns nicht zu, sondern wir müssen zu ihnen finden. Aber wenn wir uns in ihre Richtung bewegen, kommen Sie uns auf der Hälfte der Strecke entgegen. Erst durch Ziele kommt der Mensch auf seinen Weg.

Übung: Die Wunschfee
Stellen Sie sich vor, Ihnen würde eine Fee erscheinen, und Sie hätten drei Wünsche frei. Wie sähen diese aus?
1. Wunsch

_____

2. Wunsch

_____

3. Wunsch

_____

- Wer kein Ziel hat, kann nichts erreichen.
- Es gibt kein richtiges oder falsches Ziel.
- Wer sein Leben nicht selbst in die Hand nimmt, läuft Gefahr, fremdgesteuert zu werden oder sich zu verlaufen.
 Allein schon Ihren Entscheidungen wohnt eine enorme Kraft inne: Entscheiden Sie sich, ein Ziel zu haben und es zu erreichen! Auch wenn Sie noch gar nicht wissen, wie es aussieht.
- Dann sollten Sie sich überlegen, wie Ihr Ziel aussieht. Anderenfalls werden Sie es nicht erkennen, wenn Sie es erreicht haben.
- Die Frage ist nicht: Warum habe ich keins, sondern: Wie finde ich eins.
- Glück ist ebenso wie Erfolg kein Ziel. Beides sind Nebenprodukte, die auf Ihrem Weg zum Ziel entstehen.
- Hinter materiellen Zielen verstecken sich andere Anliegen.
- Wir suchen im Außen, was wir im Inneren schon lange haben.
- Was immer Ihr Ziel ist, es sollte Ihr ureigenes sein.
- Energie folgt der Aufmerksamkeit. Lenken Sie diese auf das, was ist, und nicht darauf, was nicht ist.
- Es gibt keine Grenzen. Wir können alles verändern, indem wir uns verändern.
- Ich kann andere Menschen nicht verändern, wohl aber mich selbst oder zumindest mein Verhalten.
- Zu den eigenen Zielen zu finden heißt, authentisch zu werden.
- Wer nicht handelt, wird behandelt!

2. »N46° 42,344' E 006° 24,041', 984 m. ü. M.« oder: Wo stehe ich und wo komme ich her?

Wenn Sie wissen wollen, wo Sie sich gerade befinden, brauchen Sie nur auf eine Landkarte zu schauen oder Ihr Navigationssystem zu befragen. Die Koordinaten Ihres Standorts sind der Schnittpunkt des Längengrads mit dem Breitengrad. Wenn ich mich mit Ihnen bei N46° 42,344' E 006° 24,041', 984 m. ü. M. verabrede, so könnten Sie mich mit Hilfe Ihres Navigationssystems leicht finden: Nämlich am Schnittpunkt des 46. Längengrads, 42 Minuten und 34,4 Sekunden mit dem 6. Breitengrad, 24 Minuten, 4,1 Sekunden auf einer Höhe von 984 Meter über dem Meeresspiegel. Klingt reichlich kompliziert, oder?

Wenn die Koordinaten des Standorts klar sind und der Zielort eingegeben wird, berechnet das GPS den kürzesten, den direkten (es gibt nur einen direkten Weg! Keine Steigerungen möglich!) oder schnellsten Weg zum Ziel. Selbst wenn ich meine Koordinaten nicht kenne (sie sind im Übrigen jeder Landkarte zu entnehmen), ich jedoch mit einem Navigationssystem ausgerüstet bin, kann mich dieses über Satellit orten. Die gemessenen Informationen werden zum Navigationssystem übertragen und mit dem gespeicherten Kartenmaterial verglichen. Heraus kommt die exakte Standortbestimmung. Einfacher gesprochen: Ich kann nur dann zum Ziel geleitet werden, wenn mein aktueller Standpunkt bekannt ist und danach das Ziel eingegeben wird.

Der Weg nach Stockholm ist ein anderer, wenn ich vom Nordkap oder von Hamburg her komme. Mein Weg nach München ist ein anderer als Ihrer. Es sei denn, Sie wohnen genau wie ich in Stuttgart. Wenn ich also wissen will, welcher Weg zu meinem Ziel führt, muss ich mir zunächst bewusst machen, wo ich mich befinde! Das GPS ortet uns per Satellit, wohingegen im eigenen Leben jeder seine eigene Ortung bestimmt.

Wo befinde ich mich gerade?
Wann immer ich mit dem Zug unterwegs bin, werde ich ungewollt Zeugin der Handygespräche meiner Mitreisenden. Alle scheinen gefragt zu werden: »Wo bist du denn gerade?«, weil alle übereinstimmend ihre Position preisgeben. »Ich fahre gerade in Mannheim in den Bahnhof ein« oder: »Ich bin gerade im Speisewagen«. Die Frage: »Wo bist du?« scheint eine existenzielle menschliche Frage geworden zu sein und die Antwort wüssten wir manchmal selbst gerne! Wenn es um die Frage »wo« geht, so brauche ich für die Antwort immer einen Bezugspunkt. Ich stehe vor der Kirche, ich sitze hinter dem Schreibtisch, ich parke neben dem silbernen Mercedes. Wir definieren unseren Standort in Bezug auf unsere Umgebung. Oder wir bringen unsere Umgebung in Beziehung zu unserem Körper: »Christoph sitzt links von mir«. Die Aborigines würden diese Position folgendermaßen beschreiben: »Christoph sitzt nördlich von mir« (oder südlich, je nachdem). Die Aborigines, die Ureinwohner Australiens, kennen wie viele andere Urvölker kein rechts und auch kein links. Sie kratzen sich am südlichen Fuß, wenn dieser juckt, oder beschweren sich über den nördlichen Wasserhahn, der tropft. Sie haben noch eine instinktive Beziehung zu den Himmelsrichtungen (die wir meiner Meinung nach auch noch haben, die meisten müssten sie nur wieder etwas mehr trainieren). Eine Kultur, die mit den Begriffen rechts und links operiert, orientiert sich am menschlichen Körper. Die Aboriginies definieren sich als Teil der Landschaft, als Teil des Universums.

Übung: Meine Lieblingsorte
Erstellen Sie eine Liste mit mindestens sieben Ihrer Lieblingsorte. Zu meinen Favoriten zählen der Grand Canyon, meine Badewanne, Kloster Heiligkreuztal, die Alpen, Kloster Valldemossa, Bärenschlössle, Schloss Solitude.
Speichern Sie diese Bilder in Ihrem »Inneren Archiv« und rufen Sie sie auf, wenn Sie mal wieder den Impuls verspüren: »Ich will hier weg!«

Wo stehe ich? Eine Bestandsaufnahme
Die Definition Ihres Standorts bestimmt den Abstand zu Ihrem Ziel. Heißt Ihr Ziel »Mittelmeer«, macht es einen großen Un-

terschied, ob Sie sich gerade in Nizza oder in Stuttgart befinden. Heißt Ihr Ziel »Heiraten und eine Familie gründen« und Sie haben schon den passenden Partner, dann sind Sie diesem Ziel näher als jemand, der solo ist und einen Partner erst finden muss. Der Standort macht den Unterschied, er ist mit dem Ziel also untrennbar verbunden. Bevor wir uns im Folgenden weiter mit Zielen beschäftigen, müssen wir uns zunächst mit dem momentanen Standort befassen.

Wie sieht Ihre gegenwärtige finanzielle und familiäre Situation aus? Was machen Sie zur Zeit beruflich und privat, und wie geht es Ihnen damit?

Welche Probleme und Sorgen beschäftigen Sie? In welchen Beziehungen stehen Sie?

Wer seine persönlichen Ziele finden möchte, kommt an der Analyse der gegenwärtigen Situation und an einer Selbstreflexion nicht vorbei: Wer bin ich? Wessen Leben lebe ich eigentlich? Lebe ich authentisch oder fremdbestimmt? Bin ich da, wo ich sein will, oder am falschen Ort? Wie bewältige ich mein Leben? Was ist mir wichtig? Erst wenn ich weiß, wer ich bin, wo ich stehe und wie ich zu den anderen stehe, kann ich mich mit der Frage beschäftigen, wo ich hin möchte. Was will ich im Leben und was will das Leben von mir?

Stehen Sie am Anfang Ihrer Ausbildung, sodass Sie sich für Ihren beruflichen Weg erst noch entscheiden müssen? Haben Sie gerade Ihre Stelle verloren, sind Sie beruflich unzufrieden, sodass eine Neuorientierung nahe liegt? Oder sind Sie zufrieden mit Ihrer Situation, und Ihre Arbeit macht Ihnen richtig Spaß? Da wir den Großteil unserer Zeit mit unserer Arbeit verbringen, ist sie ein wichtiger Faktor für unsere Zufriedenheit. Bereits am Montag ans Wochenende zu denken, ist eine Lebenszeitverschwendung! Wenige von uns können wohl behaupten, dass sie materiell ohne Ziele sind. Wie wichtig ist Ihnen der materielle Aspekt Ihres Lebens? Haben Sie finanzielle Sorgen, leben Sie am Existenzminimum oder reichlich darüber? Das Jammern über das Thema Geld ist zu einer Art Volkssport geworden. Und viele jammern auf hohem Niveau.

Übung: Tauschen
Mit wem würden Sie gerne Ihr Leben tauschen – zumindest für eine Woche? Was hat er oder sie, was Sie nicht haben? Welches dieser Elemente ließe sich auch in Ihrem Leben verwirklichen?

Wo stehe ich familiär?
Warum bin ich gerade in diese Familie hineingeboren worden? Diese Frage haben Sie sich sicherlich schon einmal gestellt. Warum lebe ich jetzt und nicht vor fünfzig Jahren? Es sind Fragen, auf die es keine definitiven, aber mögliche Antworten gibt, die zu einem Schlüssel Ihres Selbstverständnisses werden könnten. Stellen Sie sich vor, Sie hätten sich Ihre leiblichen Eltern freiwillig ausgesucht. Welche Gründe waren für Ihre Wahl ausschlaggebend? Sie wissen keine Antwort darauf, weil Ihnen diese Vorstellung nicht gelingen will? Dann strengen Sie bitte Ihre Fantasie an! Welche Vorteile haben Sie durch die Zugehörigkeit gerade zu dieser Familie? Vielleicht ist es auch nur der Vorteil, dass man Sie in Ruhe lässt und sich nicht so sehr um Sie gekümmert hat. Vielleicht sind Sie ja dadurch so selbstständig geworden? Wie sieht es mit Ihrer eigenen Familie aus? Haben Sie Kinder? Falls ja, gleicht Ihre Familie eher der Ihres Partners oder Ihrer eigenen Herkunftsfamilie?

Sind Sie eher ein Einzelgänger oder suchen Sie die Gemeinschaft anderer? Der Mensch kann alleine gar nicht überleben, er braucht die Zugehörigkeit zu einer Gruppe. Auch psychologisch möchte man geborgen sein, aufgehoben in einem Verein, einer Partei oder einer Beziehung. Der Mensch ist schließlich ein soziales Wesen und dem muss Rechnung getragen werden. Welcher Mensch oder welche Menschen sind Ihnen in Ihrem Leben am wichtigsten? Mit welchen Personen liegen Sie im Konflikt? Oder sind Sie eher der harmonische Typ, der den Gleichklang braucht und auf Streit gut und gern verzichten kann? Tendieren Sie zum Beziehungsdrama? Halten Sie nichts von trauter Zweisamkeit, sondern eher von Reibungen und Auseinandersetzungen? Immerhin bringt das Lebendigkeit in eine Beziehung! Sind Sie ein Machttyp oder ordnen Sie sich eher den anderen in der Gruppe und einem Partner unter? Was ist für Sie das Wichtigste in zwischenmenschlichen Beziehungen? Schreiben Sie die Antworten auf diese Fragen in Ihr Fahrtenbuch. Das könnte der Anfang für eine intensive und fruchtbare Selbstreflexion sein.

> **Übung: Spaßliste**
> Was bereitete Ihnen als Kind besonders viel Spaß? Was tun Sie davon auch heute noch ausgesprochen gern?

In welcher Lebensphase befinden Sie sich?

Leben Sie mit sich selbst im Einklang, und können Sie von Zeit zu Zeit gut alleine sein? Vielleicht sind Sie eher der Einzelgänger oder eher der Partylöwe. Schauen Sie sich doch mal Ihre Woche im Rückblick an. Vielleicht haben Sie alle Abende zu Hause verbracht oder aber außer Haus. Es gibt Menschen, die es vermeiden, über ihr Leben nachzudenken. Andere sind überwältigt vom eigenen Gefühlsleben und der inneren Gedankenwelt. Sind Sie in der Lage, Ihre Gedanken und Gefühle zu ordnen und in Ihr Leben zu integrieren? Oder befinden Sie sich im Kampf mit sich selbst oder im Konflikt mit Ihrer Umwelt? Der eigenen Gesundheit schenkt man oft erst dann seine Aufmerksamkeit, wenn sie in Krankheit umschlägt. Wie geht es Ihnen? Sind Sie gesund oder fliegt jeder Virus Sie an? Wie steht es mit Ihrem Immunsystem? Sind Sie leicht »umzupusten« oder stehen Sie fest mit beiden Beinen auf dem Boden?

Ein voller Terminkalender ist nicht unbedingt das Indiz für ein erfülltes Leben. Aktivitäten können oft Fluchtreaktionen sein. Was empfinden Sie, wenn Sie ganz allein mit sich selbst sind? Ist Ihr Leben erfüllt oder haben Sie das Gefühl von – vielleicht nur vorübergehender – Leere? Leere ist immer ein Zeichen für eine anstehende Veränderung!

Ist Ihr Leben momentan ein ruhiger, stetiger Fluss, ein reißender Strom oder ein modriger Tümpel? Stagnieren Sie gerade, weil Ihnen die Perspektive auf eine Veränderung fehlt? Sind Sie in einem Alter, in dem die beruflichen und familiären Perspektiven wegfallen und neue nicht in Aussicht sind? Befinden Sie sich am Ende eines Zieles und noch nicht wieder am Start zu einem neuen? Oder stehen Sie nach einer unfreiwilligen Trennung vor den Trümmern Ihres alten Lebens? An welcher Kreuzung auch immer Sie sich gerade aufhalten, Sie haben die Qual der Wahl. Es tun sich unterschiedliche Wege vor Ihnen auf, aber eines ist sicher – der alte Weg liegt hinter Ihnen. Sie haben eine neue Chance, die sich vielleicht noch nicht als solche zu erkennen gibt, sondern Ihnen im Moment wie ein Fiasko erscheint. Krisen gehen immer mit Verlusten einher. Man verliert den Partner, die Kinder verlassen das Haus, der Job ist weg. Die Kraft, noch einmal ganz von vorne anzufangen, traut sich nicht jeder zu. Aber was für andere Möglichkeiten gibt es? Das Alte ist weg, jetzt kann etwas Neues ins Leben treten. Sie können das als Verlust oder als neue Chance begreifen, die Interpretation liegt bei Ihnen. Dass immer etwas Besseres nachkommt, realisiert man erst nach Jahren in der Rückschau. Wenn der Ehemann über alle Berge ist, ist zunächst die Verarbeitung dieser Krise angesagt, bevor man sich optimistisch auf die Suche nach einem neuen Partner begibt. Vielleicht kommt ein liebevoller, unkomplizierter nach, der Sie schätzt und auf Händen trägt? In den Phasen des Schmerzes kann man noch nicht dankbar für diese Art der Erfahrung sein. Aber Veränderungen schaffen Platz für Neues. Und es kommt immer etwas Besseres nach!

Wenn unser Leben nicht im Fluss der Energien ist und wir uns selbst nicht verändern, erfahren wir Veränderungen von außen. Also werden Sie aktiv, bevor eine schmerzvolle Erfahrung mal wieder von außen kommt. Was hindert Sie daran, Ihr Leben zu verändern? Sie können es jederzeit tun, die alte Zieleingabe löschen, ein neues Ziel eingeben und das GPS wieder starten.

> **Übung: Körper-Check**
> In welchem körperlichen Zustand befinden Sie sich zurzeit? Empfinden Sie sich energiegeladen oder sind Sie ausgebrannt? In welchem Gang fahren Sie? Im ersten, im fünften oder im Rückwärtsgang? Was könnten Sie sofort tun, um Ihren Zustand zu verbessern?

Wie geht es Ihnen?
Wer seine Ziele kennen lernen möchte, kommt an sich selbst nicht vorbei. Selbsterkenntnis ist die Grundlage dafür, worüber Sie in Kapitel 3 mehr erfahren. Erst wenn ich weiß, wer ich bin, kann ich auch wissen, was ich will. Das eigene Ich ist ein kom-

plexes Kartenmaterial, das es erst einmal zu sichten gilt. Bin ich ein Meer mit Untiefen, ein Gebirge, eine Wüste oder ein schmales Rinnsal? Tragen wir nicht alle die Eigenschaften von heilenden Quellen und zerstörerischen Vulkanausbrüchen zugleich in uns? Kämpfen unterschiedliche Aspekte in mir oder fühle ich mich in Einklang mit mir selbst und meiner Umwelt?

Nur wenn Sie sich selbst beobachten, werden Sie zum eigenen Kern vordringen. Nur wenn Sie sich selbst gegenüber ehrlich sind (»Da mache ich mir doch was vor«), Ihre gegenwärtige Situation annehmen und achten (»Den Job werde ich zurzeit nicht los«), Ihr eigenes Tun bewusst erleben (»Aha, ich will schon wieder wegrennen!«) wird der Weg frei sein für eine Veränderung.

Welche Probleme beschäftigen Sie zurzeit, und wie könnten Sie diese lösen? Probleme können sich verringern, indem man den Ist-Zustand akzeptiert. Denn was ist ein Problem? Eine Abweichung von dem, was man gerne hätte. Wenn der Ist-Zustand nicht mit dem Soll-Zustand übereinstimmt, wenn Sie sich etwas anderes wünschen als das, was Sie haben, oder woanders sein wollen als dort, wo Sie sich gerade befinden. Wenn Sie also mit dem, was Sie haben, unzufrieden sind.

Häufig treten Probleme dann auf,
- wenn wir die gegenwärtige Situation permanent mit der Vergangenheit vergleichen,
- wenn wir nicht im Hier und Jetzt leben,
- wenn wir uns Gedanken darüber machen, was die anderen von uns denken,
- wenn wir etwas anderes ernten wollen als das, was wir gesät haben,
- wenn wir von anderen nicht das annehmen, was diese zu bieten haben, sondern etwas anderes wollen und nicht zuletzt, wenn wir etwas Unmögliches erwarten, wie beispielsweise, dass die anderen sich verändern.

Übung: Seelisches Wohlbefinden
Wie fühlen Sie sich im Moment? Wenn Sie Ihr derzeitiges persönliches Wohlbefinden auf einer Skala von 1 bis 6 (1 für ausgezeichnet, 2 gut, 3 einigermaßen wohl, 4 geht gerade noch so, 5 nicht gut, 6 katastrophal) einschätzen sollten, auf

welchem Platz sitzen Sie da gerade? Wenn Sie sich jetzt gleich entscheiden, auf dieser Skala einen Punkt nach oben zu steigen, was könnten Sie dafür tun? Mit einer Freundin telefonieren? Sich einen Martini einschenken oder einen Schokoladenpudding kochen? An etwas anderes denken? Joggen gehen?

Können Sie sich an Zeiten erinnern, in denen Sie sich auf Platz 1 oder 2 fühlten? Was war damals anders? Was haben Sie gedacht? Was haben Sie getan? Was hat sich seither in Ihrem Leben verändert?

Ein Blick in den Rückspiegel
Bevor ich meinen Standort verlasse, um in Richtung Zielort loszufahren, bevor ich den ersten Gang einlege und aus der Parklücke herausschere, schaue ich noch einmal in den Rückspiegel. Was liegt hinter mir? Kann ich schon losfahren oder muss ich noch den fließenden Verkehr vorbeilassen? Wenn ich losfahre, ohne in den Rückspiegel zu schauen, kann es passieren, dass ich mit den Fahrzeugen kollidiere, die von hinten kommen. Und das muss ja nicht sein, weshalb ich einen weiteren Blick in den Rückspiegel werfe. Bevor Sie wissen, wohin Sie wollen, sollten Sie sich die Frage stellen, woher Sie kommen. Und wie sind Sie bis hierher gekommen? Welches ist Ihre Eigenart der Fortbewegung? Oder sind Sie schon immer genau da, am selben Ort? Haben Sie sich, zumindest räumlich, nicht bewegt? Stellen Sie sich vor, Sie schreiben heute Ihre Biografie. Welchen Titel hätte das Buch? »Durchs wilde Kurdistan« oder »Vom Winde verweht« oder »Im Westen nichts Neues« oder »Gute Zeiten, schlechte Zeiten« oder »Eine verhängnisvolle Affäre«?

Sich in die Vergangenheit zu begeben bedeutet nicht, die Schuld für Dinge, die damals schiefgelaufen sind, bei anderen zu suchen oder sich seiner schlimmen Kindheit bewusst zu werden. Diese hatten wir fast alle. Aber mit spätestens 18 wird es Zeit, dass wir unser Leben selbstverantwortlich in die Hand nehmen. Falls es da wirklich noch etwa zu verarbeiten gibt, sollte man sich therapeutische Hilfe suchen.

Der folgende Blick in die Vergangenheit ist dazu da, diese Zeit als Erfahrungsschatz zu achten, aus dem Impulse für die Gegenwart und Zukunft erwachsen können. Vielleicht liegen in dieser

Zeit die Wurzeln unserer zukünftigen Ziele vergraben? In der frühen Kindheit waren wir noch eins mit uns selbst, lebten authentisch und wussten genau, was wir brauchten. Wir haben uns als Kinder in den Geschichten erkannt, die uns erzählt wurden, und fühlten uns zu bestimmten Helden und Märchen hingezogen. Das Wiederentdecken dieser Wurzeln könnte uns eine große Hilfe sein, uns neu zu orientieren. Wir alle haben verschiedene Prägungen erfahren, positive wie negative Schlüsselerlebnisse angesammelt. Darum ist ein Blick in diesen Teil der eigenen Biografie nicht nur informativ, sondern auch emotional berührend. Wie weit reicht Ihre Erinnerung in die Kindheit zurück? Bis ins Alter von vier Jahren oder noch länger? Welche Bilder haben Sie? Ich erinnere mich noch sehr gut an unsere Wohnungseinrichtung, an die Muster der Stoffe, die Formen der Leuchten, die ich heute noch aufzeichnen könnte. Mich scheinen Formen und Farben schon immer angezogen zu haben.

Versuchen Sie sich an Schlüsselerlebnisse aus Ihrer Kindheit zu erinnern. Denn diese verfestigten sich zu Überzeugen, die Sie auch heute noch bestimmen. Mir hat man schon als Kind gesagt, ich sei unmusikalisch. Diese Überzeugung hat sich zwar etwas gelockert, aber ein Instrument spiele ich immer noch nicht. Positive Überzeugungen verschafft man sich durch positives Feedback. Wenn ich mehrmals einen guten Vortrag gehalten habe und von meinem Publikum ein gutes Feedback erhalten habe, führt das zu der Überzeugung, dass ich gute Vorträge halten kann. Darum sollte man die eigenen Überzeugungen durch ein Feedback von außen immer wieder bestärken, bis der Glaube sitzt!

Wenn ich mit meinen Hunden spazieren gehe, begegne ich oft Menschen, die Angst vor diesen Tieren haben, was sie auf negative Kindheitserfahrungen zurückführen. Sie seien als Kind mal gebissen worden. Ich bin als Kind mehrmals gebissen worden und mag Hunde dennoch. Ich bin der Auffassung, dass Hunde an sich nicht bissig sind. Meine guten Erfahrungen sind stärker als meine negativen. Auch schlechte Erfahrungen lassen sich durch positive neutralisieren, wenn man es zulässt. Wir sind nicht nur Opfer unserer einmal gemachten Erfahrungen, wir haben es in der Hand, diese zu füttern, das heißt zu verstärken, oder auszuhungern, das heißt zu ignorieren.

> **Übung: Biografie**
> Schreiben Sie Ihren Lebenslauf, wobei Sie sich auf folgende Punkte konzentrieren: Prägende positive wie auch negative Kindheitserlebnisse, wichtige menschliche Begegnungen und Orte und was Sie selbst noch als bedeutsam ansehen.

Prägung durch Eltern

Jeder Mensch entwirft schon in früher Kindheit unter elterlichem Einfluss seinen Lebensplan. Er gibt sich sein Lebensmotto und trifft in sehr jungen Jahren Entscheidungen für sein späteres Leben. »Mir wird Putzen nie so wichtig sein«, war eine Entscheidung, die ich bereits im Alter von drei Jahren fällte, als ich meiner putzenden Großmutter zusah. Zusammen mit den Erbfaktoren, der Erziehung, dem Elternhaus und den äußeren Umständen mündet dies alles in die Biografie, wobei im Laufe der Zeit Veränderungen und Abweichungen noch möglich sind.

Wir sind natürlich alle von den Programmierungen durch unsere Eltern bestimmt. Sei es in unseren Begrenzungen wie auch in unseren kreativen Möglichkeiten. Manche Kinder dürfen nicht auf Bäume klettern, weil es zu gefährlich ist. Andere bekommen Klavierunterricht. Im Regelfall wünschen sich die Eltern nur das Beste für ihre Kinder. So soll das Kind es mal besser haben als die Eltern und wird entsprechend gefördert und vielleicht überfordert. Oder es wird unterfordert, weil man es vor möglichen Überforderungen und Enttäuschungen schützen will. Verlierer-Eltern geben Verlierer-Programme an ihre Kinder weiter, Gewinner werden von Gewinnern programmiert. Eltern geben auch Lieblingsgefühle an ihre Nachkommen weiter, die diese zu »Maschen« kultivieren.

Kinder tun fast alles, um von ihren Eltern geliebt zu werden. Sie wissen: »Wenn ich brav bin, kommt der Weihnachtsmann«, und: »Wenn ich das mache, was mir die Eltern sagen, werde ich im Leben keine Schwierigkeiten bekommen«. Um es den Eltern recht zu machen, heiraten Sie unter Umständen den idealen Schwiegersohn, wählen einen falschen Beruf und führen ein Leben, das nicht das ihre ist. Kinder streben unbewusst ihren Eltern nach und wollen sich unbewusst auch nicht über sie stellen. Darum ähneln sich die beruflichen Karrieren von Eltern und Kindern häufig.

Jeder Mensch hat seine eigenen Talente und ungeheure Potenziale, die er aber aufgrund seiner psychologischen Hemmungen nur zu einem kleinen Teil ausschöpft. Die Begrenzungen bestimmen wir als Erwachsene natürlich selbst, denn als Erwachsene können wir endlich auch die Verantwortung für unser berufliches Handeln übernehmen. Dennoch kann man beobachten, dass sich manch einer sozusagen selbst ein Bein stellt, es sich nicht gönnt, erfolgreich zu sein. Die Ursachen dafür können in der fehlenden »Erlaubnis« der Eltern liegen. Wir wollen den Eltern immer noch gefallen, in dem wir die »Kleinen« bleiben und vielleicht noch lange finanziell abhängig oder auch emotional bedürftig. Wünsche der Eltern wirken wie Befehle, die das ganze Leben bestehen bleiben, ebenso wie die Verbote und Einschränkungen, die sie uns erteilten. Wir brauchen quasi für unseren Erfolg und unser Glück die elterliche Erlaubnis.

Selbst als Erwachsene besitzen wir immer noch verschiedene Ich-Zustände, die in unserem Gedanken- und Gefühlssystem überdauert haben und zum Teil unsere Ziele boykottieren. Da gibt es das Eltern-Ich, in dem wir als vernünftige Menschen denken, handeln und sprechen. Manchmal sprechen wir so, wie unsere Eltern das getan haben, als wir noch klein waren. Das Eltern-Ich gibt Gebote und Verbote aus und sagt uns beispielsweise: »Sei vorsichtig, mach dich nicht schmutzig, pass auf dich auf, iss anständig ...«. Daneben regiert das Erwachsenen-Ich, das relativ vernünftig denkt und handelt. Und als drittes gibt es da noch das Kindheits-Ich, das so fühlt, denkt und handelt wie der Mensch als kleiner Junge oder kleines Mädchen. Immer wenn wir jammern oder um etwas betteln, sind wir im Kindheits-Ich, ebenso wenn wir bedürftig sind oder trotzig auf unserem Recht bestehen. Diese Ich-Zustände können sich über den Tag hinweg verändern. Sie bestimmen auch unsere Kommunikation mit unseren Mitmenschen. Wenn wir nicht in unserer Mitte sind, mal wieder nicht wissen, was wir wollen oder in welche Richtung unser Ziel liegt, kann es sein, dass wir uns in unserem Kindheits-Ich befinden, das sich wie Rotkäppchen im Wald verlaufen hat. Schalten Sie bewusst Ihr

Erwachsenen-Ich ein, das über die Kapazität verfügt, aus dem dunklen Wald herauszufinden.

Die Erlaubnis der Sippe

Wir sind nicht nur durch unsere elterliche Herkunft geprägt, sondern durch die dahinter liegende »Sippe«, also auch den Teil der Familie, den wir persönlich vielleicht gar nicht mehr kennen gelernt haben. Ob uns das nun gefällt oder nicht, wir sind eingebunden in einen Familienverband, aus dem wir uns nicht lösen können. Deshalb sollten wir uns die Kraft der Sippe zu Nutze machen. Ihre Familie ist auf Ihrer Seite, auch wenn Ihnen das nicht immer so erscheint. Stellen Sie sich vor, wie alle Mitglieder hinter Ihnen stehen, Ihre Großeltern und Urgroßeltern nur das Beste für Sie wollen und dass es Ihnen dabei gut geht. Machen Sie sich diese Kraft immer und immer wieder bewusst, sie wirkt nachhaltig! Zu wem in Ihrer Familie haben oder hatten Sie einen guten »Draht«? Auch wenn es sich um ein für Sie unbekanntes Familienmitglied handelt, nehmen Sie Kontakt zu ihm auf und bitten Sie es um Hilfe. So aktivieren Sie die familiären Energien, die Ihre Kräfte unterstützen.

Gerade in Familien, die seit Generationen dem gleichen Berufsstand angehören, verstößt man als Außenseiter unbewusst gegen deren »Tradition«, wenn man sich auf einen anderen Weg macht. Doch ohne die Erlaubnis, diesen Weg gehen zu können, kommen Sie nicht wirklich weiter. Falls Sie von Ihren Eltern keine Unterstützung, auch nur mentaler Art, erwarten können, so betrachten Sie doch mal die restliche Familie. Suchen Sie sich jemanden, der Verständnis für Sie hat. Was würde beispielsweise Ihre verstorbene Großmutter zu Ihren Plänen sagen? Möglicherweise hätte sie begeistert reagiert.

Checkliste: Meine Eltern

Mal angenommen, Sie hätten sich Ihre Eltern selbst ausgesucht, warum haben Sie sich gerade für diese Eltern entschieden? Welche Vorteile haben Sie dadurch? Machen Sie eine Liste!

Übung: Schreiben Sie die Geschichte Ihrer Kindheit um
Wie auch immer Ihre Kindheit war: Was war gut daran? Was haben Ihre Eltern Ihnen Positives mitgegeben? Angenommen, sie wäre die Vorlage für einen Film. Wie lautete der Titel? Schreiben Sie die Geschichte auf und bringen Sie sie zu einem Happy End!

Ich bin der Designer meiner eigenen Wirklichkeit
Die Vergangenheit ist vorbei. Ich kann mich als Opfer fühlen oder ich kann mein Leben jetzt und gleich in die Hand nehmen und mich als Schöpfer meiner eigenen Lebensumstände empfinden. Ich kann meine eigenen Entscheidungen treffen, mich für das eine und gegen das andere entscheiden. Beides haben kann ich nicht, denn alles hat seinen oder einen Preis.

Wer außer mir könnte mein Leben verändern? Ich kann meine Realität jederzeit verändern, in dem ich mein Denken und Handeln verändere.

Der Mensch hat einen freien Willen. Dies bedeutet nichts anderes, als dass er seine eigenen Taten zu verantworten hat. Was ich tue, hat Konsequenzen. Wenn ich Tomaten anbaue, kann ich diese später ernten. Ich darf mich aber nicht beschweren, dass ich viel lieber Kartoffeln hätte. Dann hätte ich eben Kartoffeln pflanzen müssen. Wenn ich nach Sardinien fliege, lande ich auf einer Mittelmeerinsel. Wenn ich mich jetzt über das Meer beklage, hätte ich in die Wüste fliegen müssen.

- Nur wer weiß, woher er kommt, kann auch wissen, wohin er gehen will.
- Ohne Selbsterkenntnis ist eine persönliche Zielsetzung nicht möglich.
- Versöhnung und Wertschätzung der Eltern führt zur Wertschätzung der eigenen Person.
- Auch wenn es Ihren Eltern schlecht geht, dürfen Sie Ihre Ziele verwirklichen und erfolgreich sein.
- Versöhnen Sie sich mit schlimmen Erfahrungen, die Sie gemacht haben, indem Sie sie in Erkenntnisse verwandeln.
- Zerbrechen Sie sich nicht den Kopf über alte Probleme. Die Vergangenheit ist vorbei.
- Veränderungen geschehen von alleine, wenn man hierzu Augen und Ohren öffnet.
- Die anderen verändern sich in dem Moment, in dem ich mich verändere. Das ist ein magischer Prozess.
- Wenn wir eine Situation nicht akzeptieren und dagegen ankämpfen, verlieren wir unnötig Energie.
- Wer seine Potenziale nicht versteht und der Pendelbewegung des Lebens nicht nachgibt, empfindet vieles als »Pech«.
- Alte Muster sind tief gespeichert. Sie sind stärker als unser Wille zu Veränderung.
- Verabschieden Sie sich von den Erwartungen Ihrer Familie. Sie können es nicht allen recht machen, also sollten Sie es sich selbst recht machen.
- Wenn man sich allerdings immer nur um andere und deren Bedürfnisse gekümmert hat, verliert man irgendwann sich selbst und seine eigenen Bedürfnisse aus den Augen.
- Wer den Ort nicht achtet, wo er herkommt, kann den Ort nicht finden, zu dem er will.

3. »Bitte Reiseziel eingeben« oder: So finden Sie Ihr Ziel heraus

Jetzt haben Sie die große Chance, sich ein Reiseziel auszuwählen und dieses einzugeben. Ihr Navigationssystem wird daraufhin die Route berechnen, sodass Sie sich sofort auf den Weg begeben können. Sie wissen immer noch nicht, wohin Sie wollen? Sie haben bis heute kein Ziel gefunden? Haben Sie dann wenigstens ein »Nicht«-Ziel? Denn wie so oft im Leben weiß man eher, was man nicht will, als dass es sich umgekehrt verhielte. Mit »Nicht-Zielen« kann Ihr Navigationssystem allerdings wenig anfangen.«Ich will nicht nach Hamburg, nicht nach Oslo, ich mag auch die Berge nicht«, ist eine Information, auf die es kaum reagieren wird. Blättern Sie die möglichen Städte aus dem Städteverzeichnis durch. Wie wäre es mit Amsterdam?

Um herauszufinden, welches Ziel oder welche Ziele man im Leben haben kann, kann man spaßeshalber mal den Weg vom scheinbaren Ziel her zurückverfolgen. Angenommen, Ihr Ziel ist Paris und Ihr Navigationssystem sagt Ihnen jetzt: »Sie haben das Ziel erreicht«. Was passiert nun? Warum sind Sie denn nach Paris gefahren und nicht nach Stuttgart? Weil Sie sich die Nächte um die Ohren schlagen wollen? Um shoppen zu gehen? Weil Sie zufälligerweise einen Reiseführer von Paris in Ihrem Regal fanden? Weil Sie an der Sorbonne studieren wollen oder weil es seit Jahren Ihr Herzenswunsch ist, diese Stadt zu sehen? Das Ziel von hinten aufzurollen bedeutet, sich nach dem »Warum«, nach dem Motiv zu fragen, das ein jeder braucht, um überhaupt ein Ziel für sich herauszufinden. Was treibt Sie in ihrem Innersten an? Nur wenn Sie die Antwort auf diese Frage kennen, werden Sie sehen, ob Sie motiviert genug sind, die Sache bis zum Ende durchzuziehen. Was ist Ihr Bedürfnis? Um bei dem Beispiel Paris zu bleiben, können die Bedürfnisse unterschiedlich gelagert sein. Vom puren Amüsement über Französisch lernen bis hin zu einem Elitestudium mit dem Ziel, Karriere zu machen und viel Geld zu verdienen.

Die Frage nach dem Ziel ist eine Frage nach dem »Warum«, nach meinem inneren Antrieb, meinem Motiv. Denn bevor ich selbst weiß, was mich antreibt, was meine tiefen Bedürfnisse ausmacht, sollte ich mich selbst kennen. Darum steht noch vor dem »Warum« als erster Schritt die Selbsterkenntnis. Nur wenn ich eine Vorstellung von mir selbst habe, kann ich wissen, was mir entspricht und folglich zu mir passt. Durch die Fragen »Wer bin ich, was kann ich?« lassen sich Fähigkeiten und kreative Potenziale ermitteln. Das setzt voraus, das ich mit mir selbst in Beziehung trete, eine Verbindung zu mir herstelle und mit mir selbst kommuniziere. Das Verbundensein mit sich selbst und den eigenen Bedürfnissen ist die Voraussetzung dafür, dass man sich seinen Zielen nähert. Die Frage nach dem persönlichen Antrieb, der Motivation, führt zum eigenen Willen. Denn nur wenn ich tatsächlich den Willen besitze, das Ziel zu realisieren, verfüge ich über die nötige Energie dazu. Durchhaltevermögen und Selbstdisziplin sind hierbei von Vorteil, ebenso wie die Bereitschaft zum Handeln.

Kreativität ist ein ausgezeichnetes Hilfsmittel, um den eigenen Motiven auf die Spur zu kommen. Wenn sie brachliegt, sollte sie dringend wieder reaktiviert werden. Die menschliche Kreativität ist unerschöpflich. Sie ist ein Werkzeug, das sich nie abnutzt, sondern bei Gebrauch immer schärfer wird. Sie ist ein Wegweiser zu unserer Intuition, die oft schneller als unser Verstand reagiert, wenn wir Antworten auf Fragen suchen.

Um auf das Beispiel »Paris« zurückzukommen: Vielleicht wurden Sie durch Ihren Reiseführer angeregt oder die Erzählung von Freunden? Inspirationen von außen führen uns oft zu unserem »Warum«. Diese Quelle kann man allerdings nur anzapfen, wenn man anderen zuhört und offen für Neues ist. Nicht festgefahren und flexibel zu sein, ist die Voraussetzung dafür, dass Sie eine Reise antreten. Paris kommt nicht zu Ihnen! Sie müssen sich schon selbst auf den Weg machen. Wer statisch, eingerostet und unbeweglich ist, wird es schwer haben, sein Ziel zu erreichen. Zu einer Reise benötigt man Geduld, Durchhaltevermögen und Gelassenheit. Wenn das Motiv stark genug ist, nimmt man gerne auch Hindernisse in Kauf, umfährt Baustellen und behält im Stau die Nerven. Wer schon im Vorfeld aufgibt, dem fehlt das Motiv. Wenn dieses nicht wahrhaftig ist, lässt man sich schnell von der Route abbringen und läuft Gefahr, schon beim geringsten Problem umzudrehen.

Der Weg zu unseren Zielen gliedert sich in sieben Schritte, die Schlüsselkompetenzen entsprechen und die wir trainieren können, wobei Ihnen dieses Buch helfen möchte:
1. Schritt: Selbsterkenntnis
2. Schritt: Motivation
3. Schritt: Kreativität
4. Schritt: Intuition
5. Schritt: Inspiration
6. Schritt: Flexibilität
7. Schritt: Gelassenheit

1. Schritt: Selbsterkenntnis

Wer außer mir selbst wüsste besser, was ich brauche und was gut für mich ist? Eigentlich niemand. Deshalb setzt die Suche nach den eigenen Zielen Selbsterkenntnis voraus.

Wer oder was bin ich wirklich? »Ich bin verheiratet« oder: »Ich bin Anna« oder: »Ich bin Mutter«. Drücken Sie sich möglicherweise vor der Antwort, weil Ihre gute Erziehung Ihnen verboten hat, einen Satz mit »Ich« anzufangen? Von diesem alten Muster können wir uns gleich verabschieden. Also zurück zu den Antworten: »Ich bin Tierschützerin, Vegetarier, Europäer, Fahrradfahrer, geschieden, Fußballfan, Ingenieur, ein geistiges Wesen, Mutter ...«. Wir definieren uns über unseren Familienstand, unsere Herkunft und Arbeit, unseren Namen, unsere Religion, unsere Vorlieben und Hobbys.

Wie definieren Sie sich? Was ist Ihnen wichtig, und woher beziehen Sie Ihre Identität? Die Frage »Wie sind Sie?« erweitert das Spektrum um persönliche Emotionen, Vorstellungen und Identifikationen: »Ich bin depressiv, glücklich, müde, musikalisch, wütend, zärtlich oder gerade nicht zu einer Antwort aufgelegt«. Diese Identifikationen bedeuten auch: Ich bin nicht alles, aber es ist alles ein Teil von mir. Um mit diesen Befindlichkeiten, Zuständen und Gefühlen klarzukommen, ist es hilfreich, sich von ihnen gleichsam zu entkoppeln, indem man sie zur Kenntnis nimmt, aber nicht zu einem festen Bestandteil der eigenen Persönlichkeit erklärt. »Ein Teil von mir ist gerade depressiv« lässt mehr Spielraum für Veränderungen als die Aussage: »Ich bin depressiv«.

Selbsterkenntnis bedeutet die Einschätzung der eigenen Person und die Selbstwahrnehmung des eigenen Äußeren sowie die Wahrnehmung der inneren Befindlichkeiten. Was sehen Sie, wenn Sie in den Spiegel schauen? Hoffentlich jemanden, den Sie mögen und erkennen. Wer wirklich wissen und erkennen möchte, was seine Ziele im Leben sind, der kommt an der Selbsterkenntnis nicht vorbei. Auch wenn es manchmal unangenehm sein mag, sich selbst zu beobachten und sich selbst wahrzunehmen mit allen Macken, Vorlieben und schlechten Eigenschaften.

Oft ist es schmerzhaft, sich alleine und verlassen zu fühlen und diese Gefühle auch noch als die eigenen zu akzeptieren. Häufig versteht man seine Mitmenschen besser als sich selbst, ist näher angeliebten Menschen dran als an seinem eigenen Ich. Wer jedoch ein selbstbestimmtes Leben führen will, wer sich selbst nahe sein möchte, der muss sich selbst erkennen, sich Gedanken um sich selbst machen, sich verstehen und akzeptieren. Dazu gehört die Fähigkeit, Zeit mit sich allein zu verbringen. Wann hatten Sie zuletzt ein »Date« mit sich selbst?

»Wie sieht es mit meinen Stärken und Schwächen aus? Was bringt mich wohin? Wer oder was übt Kontrolle über mich aus und beherrscht mein Leben? Was macht mich glücklich?« Nur Sie alleine können diese Fragen beantworten. Falls nicht, dürfen Sie auch nicht von Ihrem Partner erwarten, dass er es an ihrer Stelle tut. Viele Frauen hoffen, dass ihnen die Männer die Wünsche von den Augen ablesen, die sie selbst nicht kennen. Schauen Sie hinein in Ihr Inneres, es wird sich auftun, wenn Sie den Zugang wagen. Ihr seelischer Innenraum ist einzigartig und beinhaltet bereits alle Antworten auf Ihre Fragen. Selbsterkenntnis bedeutet ständige Selbstreflexion, und das kann ziemlich anstrengend sein.

Wie viel Zeit opfern Sie anderen, indem Sie sich Gedanken um sie machen? Um den Partner, die Kinder, den Chef, die Kollegen, die Familie? Der Aufwand, der betrieben wird, die geliebten Mitmenschen zufrieden zu stellen, steht meist in keinem Verhältnis zu demjenigen, den wir für uns selbst betreiben.

Übung: Wie aus Schwächen Stärken werden oder wie man Defizite in Kompetenzen verwandelt

Wenn ich Sie darum bitten würde, Ihre Schwächen oder Macken aufzulisten, hätten Sie damit wohl weniger Probleme als bei Ihren Stärken. Wir be- und verurteilen uns ständig selbst, wir finden uns nicht schön genug, nicht intelligent genug. Nie genügen wir uns selbst. Diese Art der Betrachtungsweise schwächt uns und verstärkt genau die Eigenschaften und Macken, Muster, die wir eigentlich gerne loswerden würden. Also wenden wir einen kleinen Trick an, indem wir unsere so genannten Schwächen in Stärken verwandeln. Angenommen, Sie kommen ständig zu spät, was Sie selbst mehr stört als Ihre Umgebung. Aber mehr noch als diese Tatsache stört Sie der Selbstvorwurf und die Selbstverurteilung, die automatisch daraus folgen. In dem Moment, in dem man selbst die scheinbar schlechte Angewohnheit oder Macke anders betrachtet, ist eine Veränderung möglich. Beispiel: »Ich komme ständig zu spät, und die anderen müssen auf mich warten«. Daraus wird: »Die anderen sind vor mir da, und ich komme zu meiner Zeit.«

Es darf ruhig etwas ironisch sein, denn Ironie schafft Distanz, die wiederum Leichtigkeit bringt und die Situation entspannt. Das Problem darf bleiben und es muss sich nichts verändern – alleine durch die andere Sichtweise entsteht ein Impuls zur Veränderung. Dadurch entsteht eine neue Einstellung sich selbst gegenüber. Und auch dem anderen gegenüber. Er kommt nicht zu spät, um mich zu ärgern, nein, er kommt eben zu seiner Zeit.

Also: Was verurteilen Sie an sich? Schreiben Sie diesen Satz auf. Und versuchen Sie jetzt das Positive, eine Kompetenz darin zu erkennen. Beispiel: »Ich bin so schlampig und suche ständig meine Schlüssel«. Daraus wird: »Ich bin so kreativ, dass ich mehrmals täglich ein anderes Versteck für meine Schlüssel finde«. Machen Sie sich eine Liste derjenigen »Macken« oder Eigenschaften, die Sie an sich selbst gar nicht schätzen und verwandeln Sie diese in Kompetenzen und Stärken. Wenn Ihr Selbstvorwurf erneut auftaucht, schalten Sie um: »Moment mal, da war doch was? Es ist in Ordnung, dass ich so eifersüchtig bin, denn ich bin eine ausgezeichnete Spionin«.

Was ist mir wichtig?
Um eine Ahnung von den wirklichen Lebenszielen zu bekommen, muss man seine eigenen Bedürfnisse kennen. Stellen Sie sich die Frage, was Sie glücklich und zufrieden macht. Brauche ich mehr Zeit, mehr Geld und weniger Stress? Wenn Sie diese Fragen mit »Ja« beantwortet haben, befinden Sie sich in guter Gesellschaft! Aber was macht Sie wirklich glücklich, was ist die Grundlage eines erfüllten Lebens? An erster Stelle steht zunächst einmal die Befriedigung der Grundbedürfnisse wie Essen, Trinken, Schlafen, ein Dach über dem Kopf für Sicherheit und Geborgenheit. Sie sind die Voraussetzung dafür, dass wir überleben. Diese Grundmotive sind in der menschlichen Natur verankert. Zur Lebenserhaltung hinzu kommt der Sexualtrieb als Basismotiv. Wenn alle Grundbedürfnisse erfüllt sind, strebt der Mensch nach Status und Selbstverwirklichung ebenso wie nach Anerkennung und Zugehörigkeit. Der Mensch ist ein Herdentier. Er braucht die anderen, um zu überleben, und er will sich mit ihnen austauschen. Beziehungen sind der Dreh- und Angelpunkt eines glücklichen Lebens. Vertrauen haben zu können, sich auf andere zu verlassen, ist Teil der Lebensqualität ebenso wie die persönliche und soziale Anerkennung. Ideal wäre ein Leben, das nicht von Angst, sondern von einem optimistischen Grundgefühl bestimmt ist. Es geht dem Menschen gut, wenn er gesund ist und das Gefühl hat, sein Leben meistern und gestalten zu können. Ein positives Selbstwertgefühl, Optimismus und Vertrauen sind unter anderem die Grundlage dafür, ein selbsterfülltes Leben führen zu können.

Jeder Mensch braucht seine Würde. Jeder Mensch hat das Recht darauf, vom anderen geachtet und respektiert zu werden. Ein Grundrecht, dessen Existenz den wenigsten bewusst ist. Aber wer sich nicht einen Teil dieser Würde selbst zuspricht, wem es also an Selbstachtung mangelt, kann dies nicht von anderen erwarten.

Ohne Selbstachtung lebt es sich schlecht, ein gewisses Maß an Freiheit und Unabhängigkeit brauchen wir alle. Eingesperrt wird der Mensch zum Tier.

Jeder Mensch hat das Bedürfnis, sich selbst zu verwirklichen, um ein Stück Unsterblichkeit zu erlangen. Kreativität als Selbstausdruck und menschliches Potenzial muss sich leben lassen. Wir wollen unsere Fähigkeiten ausüben und ein diesen Fähigkeiten entsprechendes Leben führen. Wir wollen gefordert, aber nicht überfordert sein und im Idealfall selbstbestimmt arbeiten.

Meine Prioritäten und Werte im Leben

Was immer Ihr Ziel ist, so muss es konform mit Ihren Werten sein. Ein Vegetarier wird sicherlich keine Metzgerlehre machen, ein überzeugter Nichtraucher wird kaum auf Kuba Zigarren drehen. Die Werte, hinter denen wir stehen, werden die Wahl unserer Ziele beeinflussen. Unser persönliches Wertesystem ist geprägt durch die Gesellschaft, die Religion, unsere Erziehung und persönliche Entwicklung. Wir bilden eigene Werte und Prioritäten heraus, übernehmen aber auch die nahestehender Menschen. Der Wertewandel oder sogar Werteverfall wird allgemein bedauert und ist Ausdruck einer zeitlichen Veränderung. »Tugend« an sich ist schon als Wort veraltet, auf formale »Höflichkeit« wird momentan weniger Wert gelegt. Innerhalb einer Kultur sind Werte stillschweigende Übereinkünfte, die ein reibungsloses gesellschaftliches Leben ermöglichen. Ich respektiere die Privatsphäre meiner Nachbarn und diese lassen umgekehrt mich in Ruhe.

Werte sind aber auch Verkehrsschilder, von denen wir aber einige selbst aufgestellt haben. So kann ich selbst großen »Wert« auf Pünktlichkeit legen, was meine Freundin nicht für wichtig erachtet. Darum ist ein gleiches Wertesystem für das Funktionieren einer Partnerschaft von Vorteil.

Hinterfragen Sie Ihre Werte. Hat sich in den letzten Jahren daran etwas geändert? Bringen Sie Ihre Werte auf den neuesten Stand! Menschen und ihre Haltung zu den Dingen ändern sich ebenso wie unterschiedliche Lebensphasen unterschiedliche Werte erfordern. Gibt es etwas, was Ihnen früher wichtiger war als heute? Ich kann mich erinnern, dass ich in meinen jungen Jahren unbedingt genau wissen wollte, was meinen Partner beschäftigt, was er denkt und gerade tut. Heute sehe ich das anders. Ich finde, dass jeder seine Geheimnisse braucht und das Recht auf ein eigenes Leben hat. Die meisten von uns legen großen Wert auf Ehrlichkeit in einer Partnerschaft. Lebe ich jedoch konsequent, kann es sein, dass ich den anderen verletze. Das will ich natürlich auch nicht. Vielleicht ist die Ehrlichkeit des anderen doch nicht so wichtig? Steht der Wert der Ehrlichkeit über dem Wert der Verletzbarkeit?

Übung: Werteliste
Diese Werte spielen in meinem Leben eine ganz besondere Rolle:

Bei anderen Menschen sind mir folgende Eigenschaften besonders wichtig:

Ich kann es überhaupt nicht ausstehen, wenn sich jemand folgendermaßen verhält:

Auf folgende »Werte« könnte ich gut und gerne verzichten:

Worin besteht der Sinn meines Lebens?
Die Frage nach den Zielen im eigenen Leben führt über die Frage nach dem Sinn des eigenen Lebens. Wozu bin ich in diese Zeit hineingeboren worden? Was ist meine Aufgabe in diesem Leben, sofern überhaupt eine existiert? Für den einen ist es sinnstiftend, zusammen mit einem Partner eine Familie zu gründen und Kinder zu lebensfähigen und glücklichen Menschen zu erziehen, während der andere seinen Sinn ganz woanders sieht. Welchen Sinn jeder Einzelne von uns seinem Leben abgewinnt, kann ein jeder auch nur selbst beantworten. Hilfreich ist es dabei, das eigene Leben zu beobachten. Was hinterlassen Sie für Spuren, nachdem Sie dieses Leben verlassen haben? Kinder? Bücher? Freunde, die liebevoll an Sie denken? Häuser, die Sie gebaut haben? Welchen Dingen messen Sie Bedeutung zu, was ist Ihnen wichtig? Sind es Ihre Beziehungen, Ihr Glaube oder Ihr Engagement? Haben Sie den Eindruck, einen Beitrag für das übergeordnete »Große Ganze« zu leisten?

Mit welchen Themen werde ich immer wieder konfrontiert? Sind es Trennung oder Krankheit, finanzielle Probleme oder berufliche Angelegenheiten? Die Aufgaben, die mir das Leben stellt, meine Erfahrungen, die ich mache und gemacht habe, erzählen eine Geschichte. Diese Aufgaben wollen bewältigt und die Probleme gelöst werden. Es wird ja behauptet, dass man immer nur mit Aufgaben konfrontiert wird, denen man auch seelisch gewachsen ist. Manchmal mag uns das nicht so vorkommen. Vielleicht ist der Sinn des Lebens auch nur, es Etappe für Etappe zu leben. Einen Sinn an sich muss es nicht geben, jeder Mensch muss sein Leben selbst mit einem Sinn füllen. Dazu hat er sein ganzes Leben lang Zeit! Dabei entfaltet er sich, entdeckt sich selbst und seine inneren Reichtümer. Diese persönliche Entwicklung, das seelische und geistige Wachstum, gehören zu den Zielen des Lebens. Wir sind meiner Meinung nach nicht hier, um uns still in eine Ecke zu setzen und nichts zu tun. Wir sind nicht auf dieser Welt, um nur zu nehmen, sondern wir sollten uns auch fragen, was wir zu geben haben.

Übung: Mein Auftrag
Mal angenommen, Sie wüssten, warum Sie auf diese Erde geschickt wurden. Wie sähe Ihr »göttlicher Auftrag« aus? Vielleicht haben Ihnen die Götter einen Zettel mitgegeben, auf dem Ihre Mission notiert ist. Den Zettel haben Sie bestimmt in einer Ihrer Hosentaschen. Holen Sie ihn raus, falten Sie ihn auseinander und lesen Sie ihn laut vor. Und, was steht da drauf?

Was ich wirklich gut kann
Erinnern Sie sich noch daran, was Sie im Kindergarten am liebsten gespielt haben, welches Spielzeug zu Hause Ihr Lieblingsspielzeug war? Haben Sie lieber alleine gespielt oder waren Sie draußen? Erinnern Sie sich an das, was Sie früher einmal gut konnten. Stöbern Sie in Ihren Träumen und in Ihrer Vergangenheit, vielleicht stoßen Sie auf längst vergessene Schätze. Aus scheinbar alten Träumen können auch heute noch durchaus passable Ziele werden.

Wer wollten Sie als Kind sein? Welche Idole hatten Sie? Wie haben Sie sich an Fasching verkleidet? In fast jedem von uns lebt ein Indianer oder eine Prinzessin, oder auch beides. Diese Hinweise aus frühester Kindheit offenbaren Sehnsüchte, die vielleicht heute noch präsent sind. Welches Märchen hat Sie fasziniert? Könnte dies auf Interessen oder Vorlieben hindeuten? Alle Fähigkeiten, die wir als Kinder hatten, existieren wie kleine Trampelpfade in unserem Gehirn. Was wir in unserer Kindheit erlernt haben, können wir heute reaktivieren. Wenn wir uns daran erinnern und den Faden wiederaufnehmen, können daraus heute noch Fähigkeiten werden.

Wir haben einen Körper bekommen, der ungeheuer leistungsfähig ist, und wir verfügen über ein Gehirn, das in der Lage ist, zu denken und jederzeit dazuzulernen. Beides sollten wir trainieren und nutzen, anstatt es brachliegen zu lassen. Jeder von uns besitzt angeborene Talente und erlernte Fähigkeiten. Durch Missachtung verdorren sie, durch Achtung entwickeln sie sich und kommen zur Blüte. Dann sind da noch die Fähigkeiten, die bis jetzt kein Tageslicht gesehen haben und unter einer Fülle von Problemen verdeckt sind. Graben Sie diese aus. Ungeahnte Kompetenzen können hier wie funkelnde Edelsteine versteckt sein. Manche Menschen haben ein überdurchschnittliches Talent, Fremdsprachen zu lernen, tun es aber nicht, weil es sie nicht interessiert. Anderen fällt es schwer, sich Vokabeln zu merken, haben aber Spaß an Fremdsprachen. Nicht immer gehen die Fähigkeiten mit den Interessen einher und manchmal bleiben Menschen mit großen Talenten weit hinter diesen zurück. Sie ignorieren sie oder empfinden sie sogar als lästig. Mir kommt das immer wie ein respektloser Umgang mit Geschenken vor, für die man nichts tun musste, die man einfach so bekommen hat. Ich kenne einige außergewöhnliche Menschen, die sich mit irgendeinem langweiligen Job zufrieden geben, obwohl sie über große Begabungen verfügen. Sie fürchten das Ungewisse und trauen sich wenig zu. Sie geben sich mit wenig zufrieden und sind blind für ihre Fähigkeiten. Sie sind in ihrem jetzigen Job unterfordert und unglücklich, ziehen aber die scheinbare Sicherheit einem unsicheren Leben, das ihren Fähigkeiten entspräche, vor. Langfristig kann das selten zu einem erfüllten Leben führen.

Was tun Sie gern, was können Sie nicht, würden es aber gerne lernen? Und was interessiert Sie überhaupt nicht? Die Antworten auf diese Fragen könnten Ihrem Leben eine vollkommen neue Richtung geben. Warum soll man sich bis zur Rente mit einer Tätigkeit herumschlagen, die absolut keinen Spaß macht? Haben Sie sich als Kind Ihr Leben so vorgestellt, wie es jetzt ist? Darum Vorsicht, wenn Sie die Ebene Ihrer Potenziale unterschreiten! Falls Sie eine abgeschlossene Ausbildung haben, sollten Sie sich nicht mit einem Hilfsarbeiterjob begnügen. Wenn Sie das tun, machen Sie sich selbst klein. Erinnern Sie sich an Ihre Kompetenzen, werden Sie sich Ihrer Fähigkeiten bewusst und gehen Sie mit diesem Bewusstsein Ihre Arbeitssuche an. Sie werden immer dorthin fahren, wo Sie hinschauen. Und wenn das der Abgrund ist!

Checkliste
- Haben Sie das Gefühl, dass Sie Ihr inneres Potenzial voll ausschöpfen?
- Angenommen Ihr volles Potenzial wären 500 PS. Wie viele benutzen Sie?
- Was müssten Sie tun, um Ihre PS-Zahl um 50 PS zu erhöhen?
- Angenommen, Ihr ganz persönliches Glück sei planbar, was wäre Ihr nächster Plan?

Das kann ich nicht

Wenn wir mit einer neuen Aufgabe konfrontiert werden, besteht unsere erste Reaktion häufig darin: »Das kann ich nicht!« Meistens folgt dann der Zusatz: »Das hab ich noch nie gemacht«. Wenn man etwas noch nie gemacht hat, kann man ja gar nicht sicher sein, dass man es nicht kann! Wenn ich es bereits versucht habe und gescheitert bin, dann kann ich behaupten, es nicht zu können. Wir verurteilen nicht nur uns selbst im Voraus, wenn etwas Neues auf uns zukommt, sondern spekulieren auch noch über unsere Mitmenschen. »Das kriegt der nicht hin«. Hinter dieser Reaktion steckt oft die Angst, zu scheitern, sich zum Narren zu machen und zu blamieren. Wir stehen natürlich lieber als erfolgreiche Gewinner da und fühlen uns gescheitert klein und doof. Wenn Sie etwas können wollen, dann bleiben Sie dran! Natürlich kann nicht jeder die Eigernordwand besteigen. Das muss ich gar nicht erst probieren, um zu Recht zu behaupten: »Das schaffe ich nun wirklich nicht«. Aber die meisten Fähigkeiten sind erlernbar. Die Blockade, mit der wir Neues umgeben, kann ein altes Muster sein. Oft wollen Eltern unbewusst Misserfolge oder Erfolge von ihren Kindern fernhalten, um sie vor was auch immer zu bewahren. Kinder übernehmen ihre Aussage oft ungeprüft.

Aber jetzt sind Sie erwachsen und dürfen sich durchaus mehr zutrauen!

Übung: Das Archiv meiner Potenziale und Fähigkeiten
Werden Sie sich Ihrer Talente und Fähigkeiten bewusst und geben Sie Ihnen einen richtigen Platz. Damit Sie diese Fülle wertschätzen lernen und nicht wieder vergessen, legen Sie ein Archiv an. Dazu benötigen Sie einen Ordner, weißes Papier, einen Locher und einen dicken Stift. Nehmen Sie für jede Fähigkeit, für all das, was Sie können, gemacht und erreicht haben, jeweils ein eigenes Blatt Papier und fangen Sie an:

Schreiben Sie groß auf das erste Blatt Papier: »Ich kann gut ...«. Auf dem nächsten könnte stehen: »Ich habe die Segelscheinprüfung bestanden«, oder: »Ich kann gut mit Menschen umgehen«. Sammeln Sie alles, und heften Sie es ab. Welche Fähigkeiten haben Sie auf handwerklichem, sozialem, intellektuellen, künstlerischem, partnerschaftlichem, beruflichem oder sportlichem Gebiet?

Sehen Sie zu, wie sich der Ordner füllt. Beschriften Sie den Orderrücken mit *Meine Potenziale*. Lesen Sie von Zeit zu Zeit darin, wenn Sie mal wieder das Gefühl haben, nichts zu können oder inkompetent zu sein.

Selbstverantwortung und Selbstvertrauen
Wie ist es momentan um Ihr Selbstbewusstsein bestellt? Es dürfte aufgrund des Archivs, in dem Ihre Potenziale schwarz auf weiß dokumentiert sind, schon deutlich gewachsen sein. Sind Sie sich eigentlich Ihres inneren und äußeren Reichtums an Fähigkeiten bewusst? Oder machen Sie sich selbst lieber klein und werten sich selbst ab? Ein niedriges Selbstwertniveau kann zur völligen Selbstverleugnung führen, gerade bei Frauen, die sich lieber um andere kümmern als um sich selbst: »Was ich brauche, ist nicht so wichtig, Hauptsache, dem anderen geht es gut«. Ob uns das gefällt oder nicht, wir scheinen immer noch die kindliche Prägung zu haben, dass wir nichts können, klein und hilflos sind. Durch Reaktionen von außen lassen wir uns diese Prägung wieder und wieder bestätigen. Fühlen Sie sich manchmal abgewiesen oder erniedrigt? Diese Empfindung ist ein präziser Indikator für ein niedriges Selbstwertgefühl

Fühlen Sie sich als Opfer der »äußeren Umstände«? Haben Sie immer nur Pech, werden Sie übergangen, gemobbt oder nicht geliebt? Die Reaktion Ihrer Umwelt ist nur der Spiegel Ihrer Innenwelt. Übergehen Sie sich selbst? Ignorieren Sie Ihre Bedürfnisse? Lieben Sie sich? In dem Moment, in dem Sie die Verantwortung für Ihre Befindlichkeiten und Ihr Wohlbefinden voll und ganz übernehmen, werden Sie andere Reaktionen von außen erhalten. Probieren Sie es aus.

Emanzipieren Sie sich von den Launen Ihrer Umwelt und schlüpfen Sie aus der Opferrolle. Machen Sie sich nicht mehr zum Spielball eines schlechtgelaunten Kollegen, sondern entscheiden Sie sich, Täter zu sein. Bitte missverstehen Sie mich an dieser Stelle nicht – Sie sollen ihm keinen Schaden zufügen, sondern sich nicht von seiner Laune beeinflussen lassen, die mit Ihnen nichts zu tun hat. Lassen Sie ihm also seine Probleme!

Wenn ich immer nur die Schuld im Außen suche, komme ich nicht an mein Ziel. Es gibt anscheinend keine Stellen in meinem Beruf oder keiner gibt mir das Geld, damit ich mir meinen lang gehegten Wunsch, nach Australien auszuwandern, erfülle. In diesem Fall spüre ich überall Energien des Mangels und der Ablehnung. Ich beklage mich und fühle mich als Opfer. Und eines ist sicher: Solange ich so denke, kann keine Fülle kommen.

Wenn mein Denken immer nur auf Mangel fixiert ist, ziehe ich auch Mangel an. Wenn mein Konto im Plus ist, ziehe ich Plus an. Die Gleichung ist einfach. In dem Moment, in dem ich von meinem Partner, meinen Kollegen, meinen Freunden erwarte, dass sie meine Defizite ausgleichen, dass sie mir etwas geben, werde ich enttäuscht. Wenn ich den anderen aber auf gleicher Augenhöhe entgegentrete und sie von meiner Seite aus Fülle und nicht Bedürftigkeit spüren, dann wird mir freiwillig gegeben.

Übung: Mein Kompetenzraum
Stellen Sie sich einen Raum vor, in dem Sie sich wohl und sicher fühlen. Wie groß ist dieser Raum, und wo könnte er sich befinden? Liegt er in einer kleinen Berghütte oder in einer hochherrschaftlichen Villa? In einem Bauernhof oder Schloss? Was haben Sie für einen Ausblick, wie groß sind die Fenster? Wie hoch sind die Decken? Wie ist er beleuchtet?

Diesen Raum möblieren Sie jetzt mit allen Ihren Fähigkeiten. Wählen Sie für jede Fähigkeit ein Symbol in Form eines Möbelstücks oder eines Gegenstands. Eine rote Vase kann für Ihr Talent zu dekorieren stehen, ein Bücherregal für Ihre Intelligenz, ein Meter Kochbücher für Ihre Fähigkeit, zu kochen, ein Plüschhund für Ihr Talent, mit Tieren umzugehen, ein Gemälde steht beispielsweise für Ihre kreativen Seiten. Prägen Sie sich diesen Raum gut ein. Suchen Sie ihn immer dann auf, wenn Sie das Gefühl haben, überhaupt nichts zu können. In diesem Raum steht ein kleiner Computer, mit dem Sie auf das ganze Wissen dieser Welt zugreifen können. Falls Sie etwas nicht wissen, können Sie dort nachschauen und sich helfen lassen.

Platzieren Sie an einer Stelle ein Symbol für die Weisheit dieses Universums. Vielleicht eine kleine Steineule, die Sie alles fragen können, die alle Weisheit gespeichert hat. Was soll Ihnen also jetzt noch passieren? Fertigen Sie eine Collage Ihres Raumes an oder malen Sie ein Bild von ihm.

Mein Selbstwert

Machen Sie sich oft selbst Vorwürfe (»hätte ich doch ...«), entschuldigen Sie sich ständig für Ihre Fehler oder für Ihr Verhalten? Suchen Sie die Ursache für Konflikte in Ihrer Partnerschaft lieber bei sich selbst, obwohl das Fehlverhalten des anderen daran schuld ist? Wenn ein technisches Gerät nicht funktioniert, geben Männer dem Gerät, der Bedienungsanleitung oder wem auch immer die Schuld, während Frauen den Fehler bei sich selbst suchen. »Ich bin einfach zu blöd, dieses Gerät zu bedienen«. Wenn ich Sie jetzt bitten würde, Ihre Fehler aufzulisten, würden Sie zögern? Würde Ihnen das schwerfallen oder sind Sie dran gewöhnt? Aber das lassen wir mal! Dafür bitte ich Sie, sich Gedanken über Ihre Vorzüge zu machen. Wie geht es Ihnen damit? Was fällt Ihnen ein? Selbstkritik geht den meisten Menschen leichter über die Lippen als Eigenlob. Uns wurde schon in der Kindheit beigebracht, dass »Eigenlob stinkt«. Wer als Kind wenig gelobt, beachtet, geschweige denn geachtet wurde, kann sich selbst auch später schlecht achten und den eigenen Kindern keinen gesunden Selbstwert vermitteln.

Die Basis für ein stabiles Gefühl des eigenen Wertes wird bereits im frühen Kindesalter gelegt. Schon das Baby erfährt über seine Schreie eine Reaktion von außen. Werden seine Bedürfnisse gestillt, fühlt es sich befriedigt. Geschieht dies nicht, lernt es früh, dass es »das, was ich brauche, nicht gibt, wenn ich es brauche«, sprich: »Ich bin es nicht wert«. Kinder lernen früh, dass sie das bekommen, was sie wollen, wenn sie sich anpassen und so sind, wie die Eltern es gerne hätten. Sie lernen früh, lieb, nett und angepasst zu sein, um geliebt und anerkannt zu werden. Sie orientieren ihre Bedürfnisse an der Reaktion der Umwelt, um das zu bekommen, was sie benötigen. So lernen sie, dass ihr eigenes Bedürfnis nicht in Ordnung ist, was ihren Selbstwert senkt.

Wenn man sich selbst unterschätzt, seine Arbeit oder sich selbst nicht genug schätzt, führt das dazu, dass man sich unter Wert verkauft und sein Selbstwertgefühl aushöhlt. Welche Kenntnisse und Kompetenzen in einem Menschen stecken, erfährt man oft erst nach Jahren. Eine meiner Schülerinnen versteckte sich jahrelang hinter ihrem unscheinbaren Wesen und ihrer Arbeit als Sachbearbeiterin im öffentlichen Dienst. Im Laufe der Zeit und durch mein hartnäckiges Nachfragen stellte sich heraus, dass sie eine Ausbildung als Lehrerin für Autogenes Training und Yoga hat. Auf meine Anerkennung hin antwortete sie: »Aber das ist doch so lange her«. Und damit nicht genug: Es stellte sich heraus, dass sie außerdem Reiki-Meisterin ist. Für diesen »Grad« versuchte sie sich fast noch zu entschuldigen. Ausbildung und Kompetenzen verjähren nicht! Sie potenzieren sich im Laufe der Jahre mit weiteren Erfahrungen zu noch mehr Wissen.

Das Thema Selbstwert zeigt sich oft im finanziellen Bereich. Ein Kontostand im Minus kann ein Spiegel für Defizite im Selbstwertgefühl sein. Gönnen Sie es sich wirklich, viel Geld zu verdienen? Haben Sie es verdient? All das, was Sie sich nicht gönnen, wird Sie auch nicht erreichen.

Verkaufen Sie sich also in Zukunft nicht unter Wert. Gerade im beruflichen Bereich fällt oft die Wertschätzung mit dem sinkenden Preis. Wenn ich mich unter Preis verkaufe, wertschätze ich meine eigene Arbeit nicht und kann dies auch nicht von anderen erwarten. Wenn Sie Ihr Produkt für wertvoll halten, dann wird Ihnen dieser Wert auch bezahlt.

Was zeichnet Sie darüber hinaus als wertvollen Menschen aus? Seien Sie sich etwas wert, und vermitteln Sie dies auch an Ihre Umgebung. Kaufen Sie sich Blumen, verwöhnen Sie sich und werten Sie sich durch Ihre Kleidung auf. Diese ist Spiegel des Selbstwertes.

Wer den eigenen Wert nicht spürt und kein gesundes Selbstvertrauen hat, versucht andere zu unterdrücken. Diese Machtausübung kann ganz subtil sein. Bei Frauen äußert sie sich oft in Beleidigtsein oder zickigem Verhalten. Wer seine innere Größe und seinen Wert nicht zu schätzen weiß, ist ständig in der Bettelhaltung und hat immer das Gefühl, zu kurz zu kommen. Auch wenn Sie es nur erahnen können: Denken Sie daran, was immer Sie sich von außen erhoffen, es ist bereits in Ihnen vorhanden! Manchmal braucht es nur einen Impuls, um es wieder freizulegen. Vertrauen Sie sich selbst und Ihren Fähigkeiten. Werden Sie egoistisch, und bleiben Sie bei sich. Lassen Sie Ihre Sätze und Gedanken öfters mal mit »Ich« beginnen, denn wenn es Ihnen gut geht, können Sie auch gut für andere sorgen.

Checkliste: Selbstwert
Beantworten Sie folgende 13 Fragen mit Ja oder Nein:
- Ich kenne mich selbst ganz gut.
- Ich interessiere mich für mich selbst.
- Ich beobachte mich immer wieder selbst.
- Ich nehme mich selbst wahr.
- Ich habe ein gutes Körpergefühl
- Ich bin mit meinem Aussehen zufrieden
- Ich fühle mich überwiegend gut.
- Ich verstehe mich selbst.
- Ich akzeptiere mich so, wie ich bin.
- Ich kümmere mich um mich selbst und gönne mir täglich was Gutes.
- Ich gönne mir hin und wieder etwas.
- Ich nehme mich selbst ernst.
- Ich mag mich so, wie ich bin.
- Ich achte auf mein Wohlbefinden.

Falls Sie weniger als sieben Fragen mit Ja beantwortet haben, steht es schlecht um Ihren Selbstwert! Dann ist Handeln dringend angesagt!

2. Schritt: Motivation

Die Frage nach der Motivation zielt auf die Gründe, aus denen wir etwas tun. Warum stehen Sie morgens um sechs Uhr auf? Sie müssen zur Arbeit? Ansonsten können Sie Ihre Miete nicht bezahlen und kein Hundefutter kaufen? Dann ist Ihr Motiv eindeutig finanzieller Natur. Wenn Sie nicht arbeiten würden, hätten Sie ein echtes Problem, das Sie nicht heraufbeschwören möchten. Auch dies ist ein Motiv. Sie gehen gerne zur Arbeit? Dann haben Sie ein weit stärkeres Motiv, nämlich das der Freude.

Der Mensch sucht sich im Leben am liebsten Situationen, die mit Freude verbunden sind. Wen besuchen Sie lieber? Nette Freunde, mit denen Sie einen schönen Abend verbringen? Oder Ihren Chef in seinem Büro, der Ihnen wieder Vorhaltungen macht? Wer nicht gerade masochistisch veranlagt ist, lässt sich besser durch den Ausblick auf Erfolg motivieren. Misserfolg, mögliches Scheitern demotiviert ebenso wie eventuelle Kritik. Die Aussicht auf eine Belohnung oder Anerkennung am Ende einer Arbeit treiben eher an als die Angst, seinen Job zu verlieren.

Erinnern Sie sich noch an Dinge aus Ihrer Kindheit, die Sie mit Freude und Spaß verknüpfen? Wofür wurden Sie »belohnt«? Für gute Noten? Wohlverhalten? Womit wurden Sie belohnt? Mit schönen Worten? Geld oder Geschenken? Nicht nur bei Kindern wird erwünschtes Verhalten durch die Aussicht auf Erfolg, durch finanzielle Vorteile oder sonstige »Gratifikationen« belohnt. Die unmittelbare Verknüpfung des einen an das andere verursacht eine Verstärkung und das gewünschte Verhalten wird dadurch wiederholt. Das funktioniert bei meinen Hunden genauso wie bei den meisten Menschen. Das belohnte Verhalten wiederum wird mit Spaß und Freude assoziiert. Wenn ich für etwas belohnt werde, mache ich es schon aufgrund des Erfolgserlebnisses gern.

Im Alter von fünf Jahren wurde ich immer von den Jungs in der Nachbarschaft geärgert und kam täglich weinend nach Hause. Mein Vater stellte mir als Belohnung ein Eis in Aussicht, falls ich mich endlich gegen die Jungs zur Wehr setzen sollte. Damit veränderte sich mein Verhalten schlagartig! Die Aussicht auf das Eis besiegte meine Angst und es wurde ein eisreicher Sommer.

Was macht Ihnen auch heute noch Spaß? Oft sind bestimmte Aktivitäten durch schlechte Erfahrungen »versaut«. Französisch macht mir wenig Spaß, weil wir eine unmögliche Lehrerin mit langweiligen Methoden hatten. Ich habe es gehasst. Selbst heute kann ich mich schlecht motivieren, es zu sprechen. Ich tue es, aber ungern. Diese Erfahrung sitzt tief. Falls ich jetzt Französisch lernen würde, müsste ich diese Sprache mit einem positiven Erlebnis koppeln. Ich könnte mir einen gut aussehenden Lehrer nehmen, oder mich nach dem Unterricht selbst belohnen. Vielleicht belohnt mich auch bereits der Lehrer, indem er meine Fortschritte durch positives Feedback und Lob unterstützt.

Jeder Mensch braucht dieses positive Feedback, um sich weiter motivieren zu können. Wer belohnt Sie und Ihr Verhalten? Schlingt Ihr Partner das von Ihnen mit viel Liebe gekochte Essen einfach so runter, ohne ein Wort dazu zu sagen? Müssen Sie um Komplimente betteln? Zweifellos ist nichts demotivierender als Ignoranz. Dagegen gibt es nur eins: Finger weg! Bringen Sie Dosengemüse auf den Tisch, und warten Sie auf das Feedback.

Checkliste: Motivation
- Was treibt Sie an?
- Worin sehen Sie den Sinn Ihres Lebens?
- Welches große Ziel haben Sie vor Augen?
- Was machen Sie mit Leidenschaft? Worin verlieren Sie sich ganz? Wann sind Sie im »Flow«?
- Welche Sehnsüchte brennen in Ihnen? Welchen Träumen hängen Sie hinterher?

Sich selbst motivieren
Wenn wir andere motivieren wollen, funktioniert das nach demselben Prinzip. Ständiges Herumnörgeln bringt wenig, da es beim anderen mit Schmerz verbunden ist. Er wird eine Abwehrhaltung einnehmen. Das Prinzip der Belohnung heißt in der Hundeerziehung, erwünschtes Verhalten positiv zu verstärken und schlechtes Verhalten zu ignorieren. In dem Moment, in dem etwas gut läuft, gibt es ein »Leckerli«, während auf schlechtes Verhalten nicht weiter geachtet wird. Der Hund wie auch der Mensch ist süchtig nach diesen kleinen Leckerbissen, und er wird alles tun, sie wieder zu bekommen. Wir sind süchtig nach positiven Emotionen und werden alles dransetzen, um sie uns zu verschaffen. Also verbinden Sie Ihr Motiv mit einer Belohnung. Wenn ich dieses Buch beendet habe, mache ich eine Woche Urlaub. Diese Aussicht motiviert mich momentan. Ebenso stelle ich mir vor, wie ich mich fühlen werde, wenn ich mit meinem neuen Buch durch die Lande reise und Lesungen halte.

Wenn wir uns vom Wohlwollen anderer unabhängig machen möchten, müssen wir uns selbst motivieren. Wer selbstständig arbeitet und jahrelang keinen sichtbaren Erfolg hat – weder in Form positiven Feedbacks noch finanzieller Natur –, braucht ein starkes inneres Potenzial, diese Zeit durchzustehen. Wer Misserfolge hat und sich weiter am Laufen halten soll, ebenso. Wie motiviert man sich, die fünfzigste Bewerbung zu schreiben, wenn man bis jetzt 49 Absagen erhalten hat? Zum einen darf man nie am Erfolg zweifeln, und zum anderen braucht man eine große Frustrationstoleranz. Niederlagen können nur bewältigt werden, wenn man ganz und gar an einen guten Ausgang glaubt. Also glauben Sie an sich selbst! Visualisieren Sie sich selbst, wie Sie sich fühlen werden, was Sie tun, sagen, machen werden, wenn Sie Ihr Ziel erreicht haben. Stellen Sie sich vor, wie Sie sich als erfolgreiche Schriftstellerin vor einem Publikum präsentieren und alle applaudieren. Malen Sie sich aus, wie Sie sich auf dem Berggipfel fühlen, wenn Sie den Aufstieg hinter sich gebracht haben. Erfolgreiche Menschen haben eine hohe Frustrationstoleranz und lassen sich auch von ihren Mitmenschen nicht aus der Ruhe bringen. Glauben Sie an das, was Sie tun, suchen Sie nach dem Job, der Tätigkeit, die Sie so überzeugt, dass Sie bereit sind, diese Durststrecken auf sich zu nehmen. Motivation hängt davon ab, was Sie tun. Denn wenn Ihnen das Tun Spaß macht, sind Sie auch bereit, entbehrungsreiche Zeiten durchzustehen.

Egal, was man erreichen will, ohne eine starke Motivation ist kein Erfolg möglich wie auch umgekehrt. Ich muss wissen, dass sich die Anstrengung lohnen wird und der Erfolg einstellt. Allerdings neigt der Mensch dazu, alles zu vermeiden, was anstrengend ist. Und es ist anstrengend, sein Ziel zu suchen und dranzubleiben. Das Leben ist nun mal kein Ponyhof! Also müssen wir uns fragen, wie wir einen Weg, der vielleicht anstrengend und schmerzhaft ist, mit positiven Gefühlen besetzen.

Welcher Motivationstyp sind Sie?
Welches Ihrer Sinnesorgane ist besonders empfänglich für äußere Reize? Gehen Sie gerne ins Kino, schauen Sie sich gerne Bilder an, dann sind Sie vielleicht ein eher visueller Typ. Hören Sie lieber Musik oder sind Sie ein leidenschaftlicher Theaterbesucher? Dann sind Sie eher der auditive Typ. Lassen Sie sich gerne massieren, betasten Sie die Dinge, die Sie sehen? Lieben Sie weiche Materialien und sanfte Oberflächen? Dann sind Sie eher der kinästhetische. Oder haben Sie eine gute Nase? Ist Ihnen der Geruch am wichtigsten? Lieben Sie gutes Essen und Wein? Gehen Sie lieber ins Restaurant als ins Konzert? Dann gehören

Sie zum olfaktorischen Typ. Dementsprechend funktioniert Ihr Belohnungssystem. Finden Sie heraus, welcher Typ Sie sind. Eher der visuelle, der auditive oder der kinästhetische? Je nachdem werden Sie auch auf diese Reize eher ansprechen, wenn es darum geht, sich selbst zu motivieren.

Ich persönlich bin ein visueller Mensch und belohne mich mit einem Kinobesuch nach getaner Arbeit. Ich reise ebenso gerne und schaue mir Landschaften und Städte an. Visuelle Typen legen meist großen Wert darauf, »gut auszusehen« und wissen dies auch an ihrem Gegenüber zu schätzen. Die auditiven belohnen sich am besten dadurch, dass Sie sich eine neue CD kaufen, ins Konzert gehen oder die Stille der Natur genießen. Dieser Typus hört gerne auch mal ein Kompliment! Die auf Berührung reagierenden kinästhetischen Typen leisten sich eine Massage oder die Berührung von Wasser auf ihrer Haut. Sie gehen schwimmen oder nehmen ein heißes Bad, spüren bei einem Spaziergang den Wind oder die Sonne auf der Haut. Sie brauchen unbedingt die Berührung ihres Partners, um sich geliebt zu fühlen. Ein Feinschmecker dürfte der olfaktorische Typ sein. Er kann sich aber auch mit einem neuen Duft oder einem Spaziergang durch frisch gemähte Wiesen belohnen. Er hat eine hochsensible Nase und hält manche Situationen und Menschen kaum aus, da er sie nicht riechen kann!

Finden Sie Ihre ganz persönlichen Vorlieben heraus, und entwickeln Sie Ihr persönliches Belohnungssystem. Und denken Sie daran: Ihr Partner ist womöglich ein ganz anderer Typ!

Übung: Motivation entdecken
Können Sie sich noch an eine Situation erinnern, in der Sie ungeheuer motiviert waren? Worum ging es? Was war das Thema? Wie haben Sie sich gefühlt? Was haben Sie getan? Wo war das und zu welcher Jahreszeit?

Speichern Sie diese Situation als inneres Bild oder suchen Sie sich ein Symbol dafür. Rufen Sie dieses als »Motivationsbild« bei Bedarf immer wieder ab. Sie können auch die Stichworte, die Ihnen zu dieser Übung einfallen, in Ihr Fahrtenbuch notieren.

Konsequenz und Durchhaltevermögen
Bevor ich den Willen mobilisiere, meinem Ziel zu folgen, muss ich die Energie aufbringen, es auch wirklich herauszufinden zu wollen. Etwas »durchzuziehen«, nur weil man es irgendwann einmal angefangen hat, es einem aber nicht wirklich entspricht, wäre blanker Aktionismus! Manchen fällt es ganz leicht, ihr Ziel zu finden. Sie haben es nie gesucht, sondern wussten schon immer, dass sie Schauspieler, Architekt oder Mönch werden wollen. Falls Sie nicht zu dieser Spezies gehören, müssen Sie die Anstrengung auf sich nehmen, es zu suchen und zu finden. Ein starker Wille kann hierbei die Motivation unterstützen. Wenn man etwas wirklich will, wird eine ungeheure Kraft freigesetzt, dieses Ziel auch tatsächlich zu erreichen. Aber nur wenn ich weiß, was ich finden will, kann ich es erkennen, falls ich ihm begegne.

Täglich werden mein Durchhaltevermögen und meine Selbstdisziplin auf die Probe gestellt. Ich bin endlich motiviert, jeden Morgen meine Yogaübungen zu absolvieren. Sie bereiten mir Spaß, und ich mache täglich Fortschritte. Ich spüre, wie sie sich positiv auf meine Gesundheit und mein Wohlbefinden auswirken. Doch jeden Morgen will mein »innerer Schweinehund« mit mir darüber diskutieren. »Bleib doch lieber noch zehn Minuten länger im Bett, du kannst auch heute Abend üben«. Sicherlich ist Ihnen diese Situation vertraut. Ich persönlich habe die Entscheidung getroffen, meinen inneren Schweinehund an die Kette zu legen und mich auf keinerlei Diskussionen mit ihm einzulassen. Ich ziehe meine Übungen durch und basta!

Gerade bei Aktivitäten, die Selbstdisziplin verlangen, muss man erst mal durch den Schmerz, bevor sich der Erfolg einstellt. Es macht nicht immer Spaß, einen Weg zu gehen, ein Ziel zu verfolgen. Um unterwegs nicht aufzugeben, muss die Motivation eine starke sein. Es ist kein Sonntagsspaziergang, wenn man eine Ausbildung macht, sondern eher ein Marsch durch die Wüste. Es hält nur der durch, der seine Motivation stets erneuert und sich von anderen nicht aus der Bahn werfen lässt.

Sollten Sie beispielsweise mit dem Gedanken spielen, sich selbstständig zu machen, brauchen Sie eine hohe Frustrationstoleranz und viel Durchhaltevermögen. Wer das nicht hat, ist in einem sicheren Job besser bedient. Aber was ist heutzutage schon sicher? Die tägliche Selbstmotivation ist eine äußerst anstrengende Angelegenheit. Ich muss mich gut kennen, selbst belohnen können und unabhängig von der Kritik oder den Komplimenten anderer sein. Falls Ihnen das gelingt, dann wären Sie schon mal der potenzielle Typ dafür. Vielleicht ist das noch nicht Ihr Ziel, aber bereits eine mögliche Richtung?

Ich habe vor Jahren die Entscheidung getroffen, selbstständig zu arbeiten, und ich ziehe das trotz aller Schwierigkeiten durch. Ich könnte mir kein anderes Leben mehr vorstellen. Wenn ich an meiner einmal getroffenen und gut überlegten Entscheidung immer und immer wieder zweifle, schwäche ich mich und meine Motivation, wodurch der Misserfolg vorprogrammiert ist. Ambivalentes Verhalten strahlt nach außen und zieht Zweifel an. Die Kunden spüren intuitiv die permanenten Zweifel. Soll ich den Laden weiterführen oder lieber dicht machen? Diese eigene Unsicherheit überträgt sich auf den Kunden. Wer möchte seine Aufträge schon an ein Unternehmen geben, das vielleicht morgen nicht mehr existiert? Also stehe ich persönlich zu meiner Entscheidung und Ende der Diskussion!

Sich mit dem Druck verbünden

Wenn die Dinge unter Druck geraten, bewegen Sie sich. Sollte ich meine berufliche Situation kaum mehr aushalten, muss ich mir etwas anderes einfallen lassen. Vorher kann man jahrelang vor sich hindümpeln und kostbare Zeit vertrödeln. Aber erst Krisen und unerträgliche Situationen bringen eine Veränderung. Daher sollte man diese Situationen als Wendepunkte im Leben willkommen heißen, anstatt sie möglichst zu meiden.

Hätte ich mich nicht scheiden lassen, hätte ich Berlin nie verlassen. Eine Zeit, die ich niemals wieder erleben möchte, die mich aber genau dahin gebracht hat, wo ich heute bin. Und da bin ich gerne. Wenn nicht unvorhergesehene Ereignisse von außen einen aus der Bahn werfen, würde man diese nie verändern. Der Mensch ist nun mal ein Gewohnheitstier, das zur Bequemlichkeit neigt und zu seinem Glück manchmal gezwungen werden muss. Daher sind Krisen, die anscheinend ungewollt von außen auf uns zu kommen, nichts weiter als

Kurskorrekturen in Richtung unserer wahren Ziele. Wir haben sie nicht unter Kontrolle, und das empfinden wir als Druck. Wir haben aber auch die Natur nicht unter Kontrolle, die unter Druck große Veränderungen hervorbringt. Ein Fels bricht ab und reißt den halben Berg mit sich ins Tal! Ein kleiner Schneeball löst eine ganze Lawine aus. Kleine Veränderungen in Ihrem Leben können Großes bewirken, und dies geschieht meist nicht aufgrund der eigenen Entscheidung.

Haben Sie das Gefühl, dass Sie in Ihrem Job permanent unter »Druck« stehen? Wer zwingt Sie, jeden Tag dorthin zu gehen? Haben Sie sich diesen Job selbst gewählt oder wurden Sie versklavt? Sie können kündigen, Sie können jeden Tag Ihr Leben verändern! Kein Mensch zwingt Sie, dort zu leben, wo Sie leben, niemand befiehlt Ihnen, dort zu arbeiten, wo Sie arbeiten! Also wer setzt uns unter Druck? Wir selbst sind es, die das tun! Wir selbst haben diesen Druck gewählt. Also machen wir ihn doch gleich zu unserem Verbündeten und fragen uns, was er uns Gutes bringt.

Mein Druck besteht im Moment darin, dass ich das Buch bis zu einem bestimmten Termin abgeben muss. Es sind genau noch drei Wochen, und wieder einmal ist es verdammt knapp! Aber wer hat den Terminplan gemacht? Ich. Wer hat den Vertrag unterschrieben? Ich! Keiner hat mich gezwungen. Und unter diesem Zeitdruck wird in den nächsten Tagen etwas entstehen, das auch innerhalb eines Jahres entstehen könnte, aber das dadurch qualitativ nicht besser wird. Bevor wir uns also über den scheinbaren Druck von außen beschweren, sollten wir bedenken, dass wir uns ihm aussetzen, ihn zum Teil selbst gewählt haben und ihn somit willkommen heißen. Er verhilft unserer Produktivität zu ungeahntem Aufschwung. Denn die Arbeit braucht immer so lange, wie man ihr Zeit gibt. Man kann eine ganze Woche damit verplempern, eine Ansichtskarte zu schreiben oder man schreibt in dieser Zeit ein Exposé für einen neuen Film. Unter Druck werden wir produktiv. Unter finanziellem Druck hat van Gogh wunderbare Bilder gemalt. Glauben Sie, er hätte diese gemalt, wenn er genug Geld gehabt hätte, um zu überleben? Vielleicht, denn viele Künstler stehen unter einem innerlichen »Schaffenszwang«. Aber welche Kulturen haben die größten Erfindungen vorzuweisen? Diejenigen mit der größten Notwendigkeit, Erfindungen zu machen, um überleben zu können.

Man kann dem Druck dadurch entgehen, dass man sich selbst diszipliniert, seine eigenen Regeln aufstellt und nach diesen arbeitet. In den Phasen des Schreibens mache ich mir mein eigenes Programm: Ich arbeite jeden Tag mindestens sechs Stunden an meinem Buch. Wie ich die sechs Stunden verteile, entscheide ich jeden Tag je nachdem, was sonst noch anliegt oder nach Wetter. Gehe ich morgens mit den Hunden in den Wald oder eher mittags? Habe ich abends etwas vor oder kann ich bis in die Nacht schreiben? Aber ich diskutiere nicht mehr mit mir! Ich schreibe mir die Stunden auf einen kleinen Notizzettel (gerade bin ich bei 1,5 Stunden, ich muss heute also noch 4,5 Stunden arbeiten).

Das eigene Motiv erkunden
Hinter vielen Motiven steckt die Absicht, das Leben zu verändern. »Ich will mich selbstständig machen« kann das Ziel sein. Die Motive, die dahinter stecken, können jedoch ganz unterschiedlich sein: Ich hasse meinen Chef, ich bin ein freiheitsliebender Typ, ich möchte morgens länger schlafen, ich möchte mich selbst verwirklichen und vieles mehr. Womöglich will man es dem eigenen Vater zeigen, der als Freiberufler gescheitert ist, oder ihm einen Gefallen tun, weil er selbst gerne einen Betrieb eröffnet hätte. Hinter einem Motiv stecken also bewusste oder unbewusste Gründe, von Rache über Wut oder Anerkennung bis hin zu dem einfachen Bedürfnis nach eigenständigem Arbeiten und Erfolg. Hinter dem Warum (»aus welchem Grund gehe ich welchen Weg oder welches Ziel«) ist zu einem Teil die Vergangenheit eines Einzelnen versteckt, zum anderen seine Vorstellung von der Zukunft.

Manche Motive sind durch Sozialisation geprägt. »Ich möchte Menschen helfen«, kann ein Grundmotiv sein, das im Leben eines Helfers mitschwingt. Wie er diese Mission erfüllt, kann variieren. Der eine wird Entwicklungshelfer, der andere Seelsorger oder Arzt, Lehrer, Therapeut, Architekt. Aber auch Designer. Über mein Design möchte ich beispielsweise Menschen helfen, sich in ihren eigenen vier Wänden wohler zu fühlen. Auch ein Brückenbauer kann sich als Menschenfreund verstehen, ebenso wie ein Polizist, der Menschen beschützen möchte.

Was treibt Sie an? Wofür leben Sie? Sind Ihnen Erfahrungen mit Menschen wichtig oder eher ruhige Stunden alleine? Spielt der materielle Aspekt eine große Rolle, der Sie täglich zur Arbeit treibt? Oder ist es der Spaßfaktor? Wollen Sie möglichst viel Geld, viel Erfolg oder viel Freizeit?

Auch Ihr Lebensmotto könnte sich für ein Motiv eignen. Haben Sie ein Lebensmotto wie etwa: »Lebe wild und gefährlich« oder: »Lass nichts anbrennen«? Ein Motto ist sozusagen der Stern, unter dem man lebt, die Art und Weise, wie man etwas tut. Daraus ergibt sich nicht zweifelsfrei ein Ziel, jedoch das »Wie«. Wer wild lebt, geht Risiken ein, wer besonnen lebt, eher nicht.

Übung: »So tun als ob«
Wenn es Ihnen schlecht geht, können Sie über eine ruhige Atmung, eine aufrechte Körperhaltung mit entsprechender Körperspannung einen positiven emotionalen Zustand erzeugen. Probieren Sie es aus! »So tun als ob« haben wir als Kinder gespielt. Wenn Sie etwas nicht wissen, tun Sie so, als wüssten Sie es, und es wird Ihnen einfallen. Tun Sie so, als könnten Sie es, und es, wird klappen! Tun Sie so, als seien Sie fröhlich, und Ihre Laune wird sich deutlich verbessern!

Der eigenen Berufung folgen
Als Sie sich für Ihren Beruf entschieden haben, welchem »Ruf« sind Sie dabei gefolgt? War es reiner Zufall? Sind Sie nur so »reingeschlittert« oder ist Ihr Job auch Ihre innere Berufung? Wenn jemand seine Zelte in Deutschland abbricht, sich auf den Weg nach China ins Shaolin-Kloster macht und nach Jahren als Meister und Heiler zurückkehrt, dann kann man schon von »Berufung« sprechen. Er folgte seinem »Ruf« und kann sich glücklich schätzen. Wer oder was ruft Sie? Als ich mich selbstständig machte, folgte ich einem Impuls. Ich ging abends mit meinem Hund spazieren, als mich der Gedanke »anflog«, mich selbstständig zu machen und zu kündigen. In diesem Moment hatte ich das Gefühl, zu wachsen. Ich wurde an einem Haar am Scheitel nach oben gezogen. Ich ging viel aufrechter weiter und fühlte mich richtig gut. »Nichts überstürzen, meine Liebe«,

meldete sich mein innerer Kontrolleur der linken Hemisphäre. Ich schlief noch zwei Nächte darüber und habe dann gekündigt.

Im Idealfall entspringt ein Beruf auch aus einer Berufung und man folgt einer inneren Stimme oder zumindest der eigenen Wahrheit. Wir suchen nach sinnvoller Arbeit, und wir müssen an den Sinn dessen glauben, was wir tun. Das setzt voraus, dass wir den Arbeitsablauf verstehen und einen Überblick über das Ganze habe. »Unterbrochene« Fließbandarbeiten oder auseinandergezogene abstrakte Vorgänge erschweren es, den Sinn zu erkennen. Wenn dann noch ein direktes Feedback durch den Kontakt zu den Nutzern fehlt, stellt sich schnell Unzufriedenheit ein. Die Arbeit sollte wichtig und das Produkt meiner Arbeit brauchbar sein. Berufliche Unzufriedenheit lässt sich langfristig nicht durch Urlaub oder Freizeit kompensieren. Das Einzige, das sich oft an der Arbeit ändern und sie sinnvoll werden lässt, ist die persönliche Einstellung dazu. »Wie« sie erledigt wird ist wichtiger, als »was« getan wird. Wir verbringen immerhin acht Stunden täglich damit. Warum sehen wir nicht zu, dass wir ihr Freude abgewinnen können?

Da es in der gegenwärtigen wirtschaftlichen Situation egal zu sein scheint, in welchem Beruf man arbeitslos ist, liegt gerade darin die Chance! Man kann Künstler werden, denn die Wahrscheinlichkeit, ein Bild zu verkaufen, ist genauso groß wie die, als studierter Betriebswirt in einem festen Job zu landen. Exotische »Nischen« wie in meinem Fall beispielsweise Feng Shui bieten neue Einnahmequellen für Innenarchitekten.

Worin Sie Ihre Aufgabe sehen, können nur Sie selbst herausfinden. Was glauben Sie, welchen Beitrag Sie leisten sollen? Ihren Mitmenschen helfen, indem Sie sie pflegen? Oder indem Sie Ihnen Brücken bauen, Essen kochen, die Haare schneiden? Suchen Sie eher den menschlichen Kontakt oder den Kontakt zu einem Material? Wenn ein Arzt menschenscheu ist, sollte er in die Forschung gehen. Arbeiten Sie lieber an einem Platz oder gehen Sie lieber auf Reisen? Wie wichtig ist Ihnen Geld? In welcher Umgebung würden Sie gerne arbeiten? Was ist Ihr Auftrag in diesem Leben? Keine Frage, dass dieser Auftrag dann passend ist, wenn er einhergeht mit Ihren Fähigkeiten und Interessen. Hören Sie bei Ihrer Entscheidung auf Ihr Herz, und benutzen Sie auch Ihren Verstand.

Zum Handeln bereit sein
Ob mir etwas liegt oder ob ich es gerne mache, finde ich am einfachsten dadurch heraus, dass ich es tue. Dann kann ich immer noch sagen: »Nein, das ist nicht mein Sport«. Nur wenn ich es ausprobiert habe, weiß ich, dass es mir liegt oder dass es mir nicht liegt. Auf diese Weise brauche ich mir nicht jahrelang Gedanken machen, sondern ich finde innerhalb kürzester Zeit die Antwort.

»Eigentlich wollte ich schon immer mal«, ist eine Haltung, die bei Menschen anzutreffen ist, die in der guten Absicht stecken bleiben und nie zum Handeln gelangen. Wir sind, was wir tun! Wie oft muss ich mir anhören: »Eigentlich wollte ich auch schon immer mal ein Buch schreiben«. Schreiben kann so gut wie jeder, viele können es viel besser als ich. Was mich von diesen »Ich wollte ja schon immer mal«-Typen unterscheidet, ist die Tatsache, dass ich nicht nur davon rede, sondern dass ich es mache!

Wer in Aktion tritt, kommt in Bewegung und stagniert nicht. In der Bewegung fließen die Energien und die Motivation steigt. Stagnation ist Lähmung. Deshalb ist es sekundär, was man macht, sondern wichtiger, dass man überhaupt etwas macht. Aus der einen Handlung kommt man schnell in eine zweite, aber aus der Ruhe kommt man sehr langsam wieder in die Aktion. Wer lange Zeit Urlaub gemacht hat, kennt vielleicht das Problem des »Wiedereinstiegs«. Wer lange arbeitslos war, findet morgens früh schwer aus dem Bett. Darum bedeutet motiviert zu sein, dass man nicht in der Theorie stecken bleibt, sondern den Worten Taten folgen lässt. Viele verlieren sich ihr halbes, manchmal ihr ganzes Leben lang in puren Absichtserklärungen, die zu nichts führen. »Jetzt reicht's, ich werde kündigen!« Wenn Sie diese Aussage Ihrer Freundin schon seit Jahren mit anhören müssen, ohne dass sie auch nur ein einziges Mal gekündigt hätte, wissen Sie, was eine Absichtserklärung ist. Sie haben aber auch die Möglichkeit, sie in eine aktive Handlung zu übersetzen. »Ich sollte diesen Kerl eigentlich verlassen«, ist die Absichtserklärung. »Ich verlasse ihn«, ist dann eine Handlung, wenn Sie innerhalb der nächsten drei Tage Ihre Koffer packen und ausziehen. Allerdings müssen Sie dann bereit dazu sein und in allen Konsequenzen dazu stehen.

Wir haben alle scheinbar wichtige Ziele wie beispielsweise gesünder zu leben, abzunehmen, wir reden täglich davon, aber tun nichts. Pure Absichtserklärungen! Wer handelt, muss nicht ständig davon reden. Nehmen Sie endlich ab oder bleiben Sie so, wie Sie sind!

Wir erschaffen uns durch unser Handeln und nicht durch unser Reden. Wir sind, was wir tun, und nicht, was wir gerne tun würden. Falls Sie noch nicht so genau wissen, was Sie gerne tun würden, finden Sie es heraus. »Ich glaube, es würde mir Spaß bereiten, zu surfen«. Wer hält Sie davon ab? Probieren Sie es, dann können Sie sich entscheiden. »Ja, es macht mir Spaß. Ich werde meinen Urlaub in Zukunft am Meer verbringen«, oder: »Nein, das ist doch nicht meins, viel zu windig und zu nass«. Also dann: Deckel drauf! Auf geht's zur nächsten Runde. Woher wollen Sie denn wissen, dass Sie keinen Fisch mögen, wenn Sie noch nie welchen probiert haben? Hat es Ihnen ein anderer gesagt?

Zu handeln heißt, aktiv zu sein, zu agieren. Passiv zu sein bedeutet zu reagieren. Sie können wählen, ob Sie nur auf der reagierenden Seite stehen oder auf der agierenden. Wenn Sie sich in Ihren Handlungen anderen anschließen, einfach nur mitmachen, laufen Sie Gefahr, dass Sie nicht Ihr Leben leben, sondern das eines anderen. Manchmal mag das sehr gemütlich und schön sein. Aber wer es sich in einem fremden Leben kuschelig macht, wird kaum herausfinden, wie sich das eigene Leben anfühlt. Das passiert schneller als gedacht. Zunächst lebt es sich bequem im Elternhaus, dann macht man es sich zusammen im Nest des Partners gemütlich. Und irgendwann kann man nicht mehr erkennen, ob die Entscheidungen die eigenen oder die des Partners sind. Wie viele Frauen wissen genau, was ihre Männer am liebsten essen, können aber nicht mehr sagen, was ihre eigenen Lieblingsspeisen sind. Oft durchdringen sich zwei Leben, so dass die Grenzen fließend unsichtbar geworden sind. Authentisch zu leben heißt, das Leben in die eigenen Hände zu nehmen und mögliche Veränderungen zu begrüßen.

Was opfere ich?
Als ich mich für das Designstudium beworben hatte, musste ich als ersten Teil der Aufnahmeprüfung eine Hausaufgabe

zeichnerisch bearbeiten. Mein klares Ziel war, diese Aufnahmeprüfung zu bestehen und die Aufgabe gut zu lösen. Falls ich nicht bestehen würde, hatte ich es wenigstens versucht. Für die Dauer der Aufgabe nahm ich mir zwei Wochen Urlaub und arbeitete in dieser Zeit konzentriert nur an dieser Prüfungsmappe. Ich opferte zwei Wochen (unbezahlten!) Urlaub, obwohl ich noch nicht wusste, was dabei rauskommt. Die Prüfung war mir immerhin so wichtig, dass ich diese Investition gerne tätigte.

Falls Sie sich für ein Ziel entscheiden können, überlegen Sie, welche Opfer Sie zu bringen bereit sind. Können Sie sich mit dem Gedanken anfreunden, während Ihres Studiums weniger zu verdienen und eine Zeit lang einen reduzierten Lebensstandard zu haben? Sie wollen sich ein Haus bauen oder ein Geschäft eröffnen? In beiden Fällen könnte das Opfer so aussehen, dass Sie sich für einige Jahre keine Reisen mehr leisten können und kaum Freizeit haben. Wer Kinder bekommt, kann nicht mehr jeden Abend in der Kneipe rumhängen, wer Hunde hat, muss auch bei Regen auf die Straße. Alles hat somit seinen Preis. Wenn wir das eine tun, müssen wir das andere lassen. Solange ich an meinem Buch schreibe, bin ich relativ viel alleine und habe wenig Zeit. Das ist die eine Seite der Medaille. Die andere Seite bedeutet, dass ich auf Lesereise gehe, wenn das Buch erschienen ist, und vielen Menschen begegne.

Egal, was wir tun, nichts entsteht ohne die Bereitschaft, ein Opfer zu bringen. Wer sich weiterbildet, setzt seine Zeit und auch sein Geld dafür ein, vielleicht später einen besser bezahlten Job zu bekommen. Diese Investition ist mit einem Risiko verbunden, denn ich muss in Vorleistung gehen. Ich kann nicht erst am Ziel tanken, sondern muss dies vor der Fahrt erledigen. Wenn ich nehmen will, muss ich zuvor geben. No risk no fun! Und wer Investitionen scheut, um Erfolg zu haben, der hat diese banale Gesetzmäßigkeit nicht begriffen! Wer nicht bereit ist, seinen Einsatz in Form von Engagement und Zeit zu bringen, hat keinen Anspruch auf Gelingen.

Zum Scheitern bereit sein

Wenn Sie die Garantie hätten, nicht zu scheitern, was würden Sie dann tun – endlich Ihre Prüfung in Angriff nehmen, einen Vortrag halten oder einen Kuchen backen? Würde sich an Ihrer Lebensführung und Ihren Zielen etwas ändern? Wären Sie mutiger? Was genau würden Sie riskieren? Und was hindert Sie daran, es nicht auch ohne die hundertprozentige Sicherheit zu versuchen? Denn das, was wirklich passieren kann, ist lange nicht so schlimm, wie Sie es sich in Ihrer Fantasie ausmalen. Nelson Mandela wird folgendes Zitat zugeschrieben: »Unsere Angst ist nicht, dass wir nichts taugen. Unsere größte Angst ist, dass wir maßlos stark sind. Es ist unser Licht, nicht unsere Dunkelheit, vor der wir uns fürchten.« Und diese Angst ist für viele noch schlimmer als das Scheitern. Erfolg und Misserfolg sind nur zwei Seiten ein und derselben Medaille. Wollen Sie wirklich erfolgreich sein? So erfolgreich, dass Sie vom Titelblatt der Zeitschriften strahlen und nicht mehr unerkannt einkaufen gehen können? Erfolg kann sehr anstrengend werden. Plötzlich sieht man sich mit großen Erwartungen seiner Umwelt konfrontiert und stellt an sich selbst auch andere Forderungen. Wenn ein Buch ein Bestseller ist, muss das nächste doch mindestens auch einer werden.

Um wie viel harmloser ist die Angst, zu scheitern oder sich zu blamieren. Und falls man diese Erfahrung einmal gemacht hat, wird man wenigstens in Ruhe gelassen. Nur wer handelt, läuft auch Gefahr, einen Fehler zu machen. Ist diese Tatsache Grund genug, nichts zu tun? Misserfolge sind nicht erfreulich, und bereits die Angst vor möglichem Scheitern kann schmerzhaft sein.

Dabei ist Scheitern ein relativer Begriff. Für den Weltmeister kann es darin bestehen, nicht wieder auf dem ersten Platz zu landen. Andere wären durchaus auch mit einem zehnten Platz zufrieden. Wie würden Sie Scheitern für sich persönlich definieren: einen großen Fehler zu machen? Sich auch nur der Kritik anderer auszusetzen? Ihren eigenen Vorstellungen von Perfektion nicht zu genügen? Es wäre gelogen, wenn ich behauptete, keine Angst vorm Scheitern zu kennen. Begibt man sich vor ein großes Publikum, lehnt sich also im übertragenen Sinn weit aus dem Fenster, wächst die scheinbare »Gefahr«. Ich muss mich natürlich in Diskussionen auch mit Menschen auseinandersetzen, die nicht meiner Meinung sind, aber das gehört zu meinem Job. Aber was kann mir schlimmstenfalls passieren, wenn ich mal einen schlechten Vortrag halten sollte? Das Publikum kann mich ausbuhen, mit Tomaten nach mir werfen, und das war's schon. Beides würde ich überleben, der Himmel würde mir nicht auf den Kopf fallen. Sobald Sie sich darüber im Klaren sind, was schlimmstenfalls passieren könnte (dass Sie nur auf dem Treppchen Nr. 2 stehen, ohne Gehaltserhöhung aus dem Chefbüro kommen, eine Absage erhalten usw.), werden Sie merken, dass dies kein Weltuntergang ist. Denn in jedem Fall werden Sie es überleben!

Fragen Sie sich also, was Ihnen schlimmstenfalls passieren kann, wenn Sie die Prüfung in den Sand setzen, den Zug verpassen oder Blödsinn reden. Dass Sie sich bis auf die Knochen blamiert haben? Wovor haben Sie wirklich Angst? Ich selbst habe natürlich Angst, einen schlechten Vortrag zu halten, was mir auch schon mal passiert ist. Ich war an diesem Abend (meiner Meinung nach) richtig schlecht. Das Publikum hatte kein Interesse, denn es bekam mich von einem Veranstalter vorgesetzt und mussten ausharren, ohne selbst entschieden zu haben, ob es mich hören wollte. Danach fühlte ich mich miserabel. Dann erinnerte ich mich an mehrere Vorträge, die ich mir im Laufe meines Lebens anhören musste und die noch viel schlechter und langweiliger waren. Also hatte ich doch auch ausnahmsweise das Recht, einen richtig schlechten Vortrag zu halten! Zumindest war das meine Meinung. Und schon ging es mir wieder besser. Die Menschen vergessen schnell, und die Bilanz meiner Vorträge stimmt immer noch. Die Blamage findet hauptsächlich in unseren Köpfen statt. In unserer Fantasie sind die Folgen weitaus dramatischer als im wahren Leben.

Übung: Misserfolg
Stellen Sie sich Ihren möglichen Misserfolg als einen Luftballon vor. Welche Farbe hat er? Jetzt blasen Sie ihn auf und beobachten genau, wie er größer wird. Halten Sie Daumen und Zeigefinger zusammen, sodass die Luft nicht aus dem Ballon weichen kann. Haben Sie das Bild? Jetzt gehen Sie in Ihrer Vorstellung ans Fenster oder auf einen hohen Turm und lassen den Ballon los. Was passiert? Er zischt ab wie eine Rakete, schauen Sie ihm hinterher, dann stürzt die leere Hülle nach unten, sodass Sie sie nicht mehr sehen können. Das war Ihr Misserfolg.

Wann immer Sie wieder einen Misserfolg befürchten, blasen Sie in Ihrer Fantasie einen Ballon auf und lassen Sie ihn los.

Sich entscheiden
Wer sich auf eine Reise begibt, muss sich früher oder später für ein Ziel entscheiden. Dieses kann die Sahara, der Schwarzwald oder Kopenhagen sein. Die Reiseziele unterscheiden sich durch die Richtung, die Menschen, die Temperatur und vieles mehr. Was ist Ihnen gerade wichtig? »Warum« wollen Sie reisen? Das Warum entscheidet über das Ziel! Falls Sie einen Reisepartner haben, der sich schneller entscheiden kann als Sie, laufen Sie Gefahr, dass Sie in einer Gegend landen, in die Sie niemals wollten. Wer sich nicht entscheiden kann, riskiert, dass andere es für ihn tun. Wer eine Hitzeallergie hat, wird keine Freude in der Sahara haben.

Wenn Sie in einem Restaurant die Speisekarte vor sich haben, wie lange brauchen Sie, um sich für ein Menü zu entscheiden? Schauen Sie sich auf den Nachbartischen um, was andere essen, fragen Sie Ihren Begleiter, was er sich bestellen will? Sind Sie unentschlossen? Eine Entscheidung für etwas ist immer auch eine Entscheidung gegen etwas anderes. Wenn ich Pizza bestelle, habe ich mich gegen Pasta entschieden. Entscheidungen sind immer unvollkommen. Wenn ich mich für Schnee entscheide, entscheide ich mich im gleichen Moment gegen die Wüste. Wenn ich mich für Rotwein entscheide, ist das eine Entscheidung gegen Weißwein. Es sei denn, Sie wählen das Sowohl-als-auch. Erst Rot- und dann Weißwein. Sie können natürlich auch Münzen werfen oder Würfel für sich entscheiden lassen. Damit werden Sie jedoch kaum zufrieden sein. Sie können sich zunächst für das eine, danach für das andere entscheiden. Fahren Sie zuerst in die Berge und später an die See. Ohne dass wir uns dessen bewusst sind, treffen wir täglich eine Vielzahl von Entscheidungen. Sie entscheiden, welches Duschgel Sie benutzen, was Sie einkaufen, was Sie anziehen, welche Zeitung Sie lesen, ob Sie Kaffee oder Tee trinken. Und was passiert, wenn Sie mal das scheinbar falsche Getränk wählen? Gar nichts! Also gehen Sie Entscheidungen doch lockerer an. Denn wenn Sie sich nicht entscheiden, werden Sie völlig handlungsunfähig.

In manchen Phasen des Lebens steht man an einer Kreuzung und ist gezwungen, sich für einen Weg zu entscheiden: rechts oder links? Welcher ist auf längere Sicht der Bessere? Lassen Sie sich nicht unter Druck setzen, es ist Ihr Leben! Aber quälen Sie sich auch nicht mit Entscheidungen, die Sie gar nicht treffen können, weil sie noch gar nicht anstehen. »Soll ich in diese Praxis mit einsteigen?«, fragte mich eine Schülerin, die diese Entscheidung frühestens in drei Jahren treffen kann, weil sie dann erst ihre Ausbildung beendet hat. Über Entscheidungen zu grübeln, die sich noch nicht stellen, scheint für manche ein beliebtes Hobby zu sein. Soll ich mir einen roten oder grünen Jaguar kaufen? Das entscheide ich dann, wenn ich das Geld dazu habe, beim Händler war und die Farbpalette vor mir liegt. Und das kann noch dauern!

> **Übung: Heute entscheide ich mich!**
> Falls Sie zu den ganz Unentschlossenen zählen: Entscheiden Sie sich heute mal, sich nicht zu entscheiden. Damit haben Sie schon einiges geleistet, denn Sie haben sich soeben entschieden!

3. Schritt: Kreativität

Im Gegensatz zum Tier ist der Mensch ein fantasiebegabtes Wesen (wobei man Tiere nicht unterschätzen sollte. Das Chaos, das meine Hunde oft verursachen, ist schon ein kreatives). Täglich erfindet er Mittel und Wege, das Leben zu vereinfachen – und manchmal auch zu erschweren –, es schöner zu gestalten und Hilfsmittel zu erfinden. Es begann mit dem Faustkeil, führte über das Rad bis zum Computer. Die menschliche Kreativität ist jedoch nicht nur nutzungsorientiert. In jedem Menschen steckt ein Künstler. Schon immer haben sich die Menschen geschmückt, ihre Häuser dekoriert und Höhlenwände bemalt. Die Quellen dieser Kreativität sind sehr ergiebig. Mit sensiblen Sinnen ausgestattet, nimmt der Mensch seine Umgebung wahr und setzt diese Impulse zusammen mit seinem Vorstellungsvermögen in neue Realitäten um. Wer sich dann noch sein kindliches Gemüt bewahrt hat, spielerisch mit der Realität umzugehen und einen guten Zugang zur eigenen Vorstellungs- und Traumwelt hat, der besitzt ein unendliches kreatives Potenzial.

Träume ernst nehmen
Nächtliche Träume öffnen eine Tür in eine andere Realität. Manchmal lassen sie uns auch in Abgründe blicken. Träume können eine reinigende Wirkung haben, indem wir in ihnen unsere Alltagserfahrungen verarbeiten. Sie können auch visionären Charakter aufweisen und uns Hinweise auf Kommendes geben oder Lösungen für Probleme anbieten. Stellen Sie Ihrem Traumbewusstsein vor dem Einschlafen eine Frage und erwarten Sie die Antwort. Sie können Ihre Träume durchaus auch nach Ihren Zielen befragen! Auch hier gilt, je präziser die Frage, desto genauer die Antwort. Wenn wir unsere Träume als eine Ebene des eigenen Bewusstseins begreifen und diese ernst nehmen, rücken wir unserem eigenen Selbst ein ganzes Stück näher.

Anscheinend träumen wir nur, was wir auch verarbeiten können, und Albträume müssen sich somit in Grenzen halten. Die kreativen Träume stellen sich häufig in den entspannten Phasen vor dem Einschlafen ein. In diesen Situationen können sich Erkenntnisse bündeln, Problemlösungen ergeben und Ideen geradezu explodieren. Darum habe ich zu Zeiten, in denen ich entwerfe oder schreibe, immer Papier und Stifte neben dem Bett liegen. Nicht selten wache ich aus dem Halbschlaf wieder auf und mache mir Notizen.

Beherrscht man Entspannungstechniken wie beispielsweise Autogenes Training, lassen sich diese Zustände bewusst jederzeit herstellen, um Ideen zu produzieren. Manchmal gerät man unfreiwillig in den Zustand von Tagträumen. Mir passiert das häufig während langweiliger Sitzungen, dass meine Gedanken abschweifen. Obwohl ich hellwach bin, begebe ich mich auf Reisen in andere Länder und befinde mich auf einer anderen Ebene der Wachheit. Ganze Filme erscheinen, angeregt durch den Ton im Hintergrund, das Licht und die Umgebung. Auch diese Bilder können auf den momentanen Gemütszustand hindeuten oder versteckte Impulse liefern. Machen Sie sich Ihre Träume zu Verbündeten. Geben Sie ihnen die Aufgabe, Sie bei der Suche nach Ihren möglichen Zielen zu unterstützen. Nehmen Sie die Hinweise ernst, die Sie erhalten.

Schreiben Sie in Zukunft all Ihre Träume und Tagträume in Ihr Fahrtenbuch. Notieren Sie Ihre Gedanken und Gefühle dazu.

Fantasievoll und kreativ sein
Der Mensch ist kreativ, wenn es darum geht, Lösungen für Probleme zu finden, manchmal ist er sogar noch kreativer, welche zu schaffen. Mithilfe seiner Fantasie, einer Vorstellungskraft, die keine Grenzen kennt, macht schon ein kleines Kind aus einem Stock ein Schwert und aus einem Lappen ein Pferd. Jeder ist sein eigener Künstler. Dem einen gelingt es, mit Hilfe von Leinwand und Farbe ein Bild zu schaffen, aus einem Stück Holz ein Möbel zu schnitzen, während der andere aus gekauften Einzelteilen ein ästhetisches Ambiente zusammenstellt. In beiden Fällen haben wir es mit kreativen Handlungen zu tun.

Kreativität ist zunächst ein chaotischer Zustand, der eine Fülle von Potenzialen in sich birgt. Um sie zu lenken, zu bündeln und zu kanalisieren, bedarf es äußerer Strukturen. Eine Kreativitätstechnik ist das »Brainstorming«. Es geht darum, Gedanken kommen und ohne Bewertung zuzulassen. Erlaubt sind alle verrückten Ideen, Kontrollen sind verboten. Kreativ zu sein bedeutet auch, unlogische und unorthodoxe Methoden einzusetzen und bereit zu sein, neue Wege zu beschreiten. Dabei ist Risikobereitschaft eine Fähigkeit, die man braucht, wenn man kreativ sein will. Gerade in Unternehmen haben oft Außenstehende die besseren Einfälle, weil sie nicht so eng mit den Problemen verknüpft sind und die Dinge anders wahrnehmen. Durch einen distanzierten Blick alleine kommt es oft zu einer neuen Form der Wahrnehmung. Kreativität entsteht immer dann, wenn der Mensch die gewohnten Sinneseindrücke und die Information auf eine neue Weise verarbeitet. Das setzt die Kompetenz voraus, in seiner Wahrnehmung offen zu sein und andere Perspektiven einzunehmen.

Probleme sind durchaus kreativitätsfördernd, denn sie stellen uns vor neue Herausforderungen. Probleme halten uns gleichermaßen fit und auf Trapp, sind eine Art mentales Fitnessprogramm, damit wir uns weiterentwickeln. Wenn ich eine Lösung brauche, um meinen Rasen zu mähen, dann kann ich kreativ werden. Wenn ich keinen Rasen habe, brauche ich auch keine Lösung. Die Idee geht auch hier der Lösung voraus, die Idee ist in diesem Fall »das Gras muss kürzer werden«. In welcher Form das passiert, sei noch dahingestellt. Es könnte ein Rasenmäher sein, ich kann mir aber auch ein Schaf ausleihen oder eine Rasensorte züchten lassen, die nicht höher als 1,5 Zentimeter wächst. Das Ziel »kurzer Rasen« muss zunächst in Gedanken da sein, dann kann es auch erreicht werden. Ebenso verhält es sich mit Ihren Zielen. Mit Hilfe seines eigenen kreativen Potenzials dürfte jeder in der Lage sein, sein eigenes Ziel zu finden. Der Prozess ist immer ein ähnlicher, er ist schleichend und hat nichts mit einem »plötzlichen Funken« zu tun. Kreativität braucht Konzentration und Einfühlung. Ideen brauchen Stimulanzien, Ruhe und ein förderliches Milieu. Innere Hemmungen und äußere Zwänge behindern die Kreativität. Sie braucht Zeiten der Inkubation, des Nichtstuns und »Brütens«.

Übung: Beide Hirnhälften verbinden
Stellen Sie sich hin, beide Füße stehen leicht geöffnet nebeneinander. Jetzt gehen Sie auf der Stelle und heben die Knie dabei bis auf Hüfthöhe an. Wenn Sie das linke Knie heben, berühren Sie es mit der rechten Hand und umgekehrt. Die Überkreuzbewegung verbindet beide Hirnhälften. Trampolinspringen oder auch nur auf einem kleinen Trampolin schwingen, hat ebenfalls diesen positiven Effekt.

Die Kreativität trainieren

Kreativität ist ein Prozess des ungehinderten Fließens von Ideen, des unentwegten Sprudelns von Einfällen und ihre Umsetzung in konkrete Entwürfe, Projekte, Taten. Hierbei arbeiten die beiden Hirnhälften optimal zusammen. Während die rechte Seite für die Fantasie zuständig ist, bringt die linke Seite diese in die Realität. Eine Idee ohne Umsetzung ist nur die Hälfte wert. »Ich habe so viele Ideen für Bücher im Kopf«, spricht die rechte Seite und ohne die linke, aktive bleiben sie im Kopf. Gemeinsam mit ihr finden sie hoffentlich ihren Weg aufs Papier.

Kreativität ist wie jede Fähigkeit trainierbar, man muss es nur tun. Es gibt unzählige Bücher über Kreativitätstechniken und Methoden der Ideenfindung.

Also fangen Sie an! Wie bei jedem Training geht es sofort in die Praxis. Sie haben Ihr Fahrtenbuch? Wissen Sie, wo es liegt? Haben Sie überall im Haus Stifte verteilt? Ist unliniertes, nicht kariertes Papier an mehreren Stellen in Ihrer Wohnung verteilt? Sie werden es brauchen. Je intensiver Sie Ihre Kreativität trainieren, desto mehr Ideen werden Sie haben. Liegen Stifte neben Ihrer Badewanne? Papier neben Ihrem Bett? Gerade in entspannten Situationen wie in der Badewanne liegend oder abends kurz vor dem Einschlafen fällt Ihnen garantiert etwas ein. Also Papier und Stift auch auf den Nachttisch! Dann gewöhnen Sie sich schon mal daran, in Zukunft alles aufzuschreiben, was Ihnen in den Sinn kommt. Kreativität zu kanalisieren heißt zunächst, sich zu fragen, was ich mit welcher Absicht tun will. Das Thema dieses Buches lautet: »persönliche Zielfindung«. Sind Sie offen dafür, Ihre Ziele zu finden? Dann schreiben Sie alles auf, was Ihnen heute zu diesem Thema einfällt.

Jederzeit kreativ
Während meines Studiums konnte ich vor neun Uhr morgens keinen klaren Gedanken fassen und verlegte meine kreativen Phasen in die Nachtstunden. Heute kann ich auf Knopfdruck arbeiten und Ideen produzieren. Ich habe nur meine Gewohnheiten geändert, weil ich es musste. Wenn mein Stress so groß wird, dass ich von alleine um sechs Uhr morgens aufwache, bin ich auch um diese Zeit bereits voller Ideen. Die Ausrede: »Ich habe keine Zeit, kreativ zu sein«, zählt nicht! Allein zehn Minuten reichen als Einstieg, und das muss nicht mal täglich sein.

Egal, was Sie tun: Kritzeln Sie vor sich hin, schreiben Sie verrückte Sätze auf, malen Sie Ihren Einkaufszettel. Machen Sie Blödsinn! Nutzen Sie diese Techniken auch, wenn Sie von einer Tätigkeit in die andere übergehen. Beispielsweise abends von der Arbeit in die Freizeit. Aber auch Wartezeiten lassen sich nutzen. Wenn Sie Ihr Fahrtenbuch immer bei sich haben, wird selbst ein Arztbesuch kreativ. Ich habe auch im Restaurant immer mein Fahrtenbuch dabei, schreibe meine Gedanken und Ideen auf, skizziere sie oder denke mir Neues aus. Wenn ich dann mal zehn Minuten auf meinen Begleiter warte, habe ich die Zeit wenigstens sinnvoll genutzt und meine gute Laune behalten.

Wie viel Zeit verbringen Sie vor dem Fernseher? Eine halbe Stunde täglich weniger, und Sie könnten Ihre künstlerische Karriere sofort starten! Verzichten Sie auf unnötige Haushaltsarbeiten wie das Bügeln von Unterwäsche, und schon wurde Ihnen wieder Zeit geschenkt!

> **Übung: Kreativität in Schwung bringen**
> Der Geist bewegt sich, wenn sich der Körper bewegt, der Geist ist locker, wenn der Körper locker ist. Um diesen Fluss ungehindert fließen zu lassen, müssen Sie für die eigene Lockerung sorgen. Beginnen Sie auf der körperlichen Ebene, Seilspringen, auf einem Trampolin springen oder mal eine Runde im Büro drehen, tanzen, egal was, Hauptsache, es lockert Sie auf! Mein Lieblingsgerät ist dabei ein weich schwingendes Trampolin, das den Körper und Geist in sanfte Schwingungen versetzt.
>
> Beginnen Sie Ihre gedanklichen Lockerungsübungen, indem Sie sich an einen ungestörten Platz setzen und dort mindestens zehn Minuten täglich sitzen bleiben. Ihr Thema ist »mein Ziel«. Schreiben Sie dieses Wort in die Mitte eines Blattes und drum herum alles, was Ihnen dazu einfällt. Damit Ihnen das Schreiben leichter fällt, fangen Sie mit einem ganz anderen Thema an. Schreiben Sie in die Mitte eines Blattes das Wort »Fallschirm«. Schreiben Sie drum herum spontan und unzensiert auf, was Ihnen zu diesem Begriff einfällt.

Informationen sammeln

Diese Art der Ideenfindung beansprucht eher Ihre linke Gehirnhälfte: Dort werden auf logische Art und Weise Informationen beurteilt und verarbeitet. Auch aus Fakten können Ideen werden und diese entstehen zu jeder Zeit an jedem Ort. Daher legen Sie sich einige Blätter Papier neben die Fernbedienung. Fernsehsendungen können uns ebenso wie Bücher Impulse geben.

Damit Ihnen diese nicht wieder entwischen, schreiben Sie sie auf! Hinweise auf interessante Bücher und Menschen vergessen Sie schnell wieder, wenn Sie sie nicht notieren. Ich ziehe aus meinen Fernsehabenden immer spannende Informationen, und wenn ich mir nur Tiersendungen ansehe. Überall lauert die Inspiration. Und wie viele Entdeckungen wurden bereits aus dem Tier- und Pflanzenreich übernommen. Eine ganze Wissenschaft ist dadurch entstanden, die Bionik. Ohne sie hätten wir beispielsweise keine Klettverschlüsse – diese wurden den Kletten abgeschaut.

Kreatives Schreiben
Erst durch den Prozess des Schreibens fließen einem die Gedanken geradezu aus der Feder! Zunächst ist es egal, worüber Sie schreiben, Hauptsache, Sie tun es. Im Zusammenhang mit dem Thema Ziele ist es sinnvoll, jeden Tag eine Art Fahrtenbuch zu führen, in das Sie Ihren Weg eintragen. Sie können es auch Tagebuch nennen, denn auf eine gewisse Art bilanzieren Sie Ihren Tag. Es sollte nur darüber hinausgehen: Ein schriftliches Nachdenken über alles, was Sie berührt. Das können Ihre Beziehungen genauso sein wie Ihre Vergangenheit. Notieren Sie darin die nettesten Geschichten aus Ihrer Kindheit. Schreiben Sie sich Ihre schlimmen Erlebnisse vom Leib. Sie werden nicht nur die reinigende Kraft des Schreibens erfahren, sondern auch entdecken, wie sich Ihre Gedanken beim Schreiben entwickeln. Zögern Sie nicht, sich Geschichten auszudenken, eigene weiterzuspinnen oder daraus einen Krimi entstehen zu lassen.

Schreiben Sie kleine Artikel für eine Zeitung. Schreiben Sie Ihre eigenen Erlebnisse in Form eines Zeitungsartikels auf: Beispielsweise: *Hund trennt Müll. Heute Vormittag hat eine elfjährige Mischlingshündin erstaunliches bewiesen: Auch Hunde sind zur Mülltrennung einzusetzen. Die Hündin hat zunächst die Klemmen der Mülltonne gelöst, und dann den Hausmüll ihres Frauchens im gesamten Wohnzimmer ausgebreitet ...*

> **Übung: Geschichten zu Ende erzählen**
> Was passierte mit Dornröschen, nachdem das Märchen zu Ende war? Wo reitet der Cowboy hin, wenn er sich auf den Sonnenuntergang zubewegt? Sie können auch die Biografien anderer vervollständigen. Wie wäre das Leben von Marilyn Monroe verlaufen, wenn Sie länger gelebt hätte? Was würde James Dean heute tun?

Kreatives Kritzeln
Die erste schriftliche Äußerung eines Menschen ist das Kritzeln. Geben Sie einem Kleinkind einen Stift in die Hand. Es wird weder ein Auto noch einen Löwen malen, sondern Linien ziehen, meist ohne den Stift vom Blatt abzusetzen. Sie kennen selbst aus Erfahrung die kleinen Telefonkritzeleien, die man gedankenversunken während eines Gesprächs anfertigt. Scribbeln (to scribble) bedeutet soviel wie kritzeln oder skizzieren. Egal womit, worauf und was Sie kritzeln, es hilft, die beiden Gehirnhälften miteinander zu verbinden, Gedanken zu ordnen, auf das Wesentliche zu kommen und neue Ideen zu finden. Durch diesen zeichnerischen oder malerischen Impuls werden Begriffe oder Probleme, über die Sie gerade nachdenken, aus der linken Hälfte des Gehirns in die rechte geschoben und beide werden miteinander verbunden. Denken Sie also nicht nur über ein Thema oder ein Problem nach, sondern scribbeln Sie es! Im Laufe der Zeit, kann dies zu einer normalen Problemlösungsmethode werden.

Stellen Sie sich das Thema »mein Ziel«, und gehen Sie es ebenso mit einem Stift an. Es geht nicht darum, etwas Konkretes zu Papier zu bringen. Die Technik des Scribbelns hat auf der einen Seite entspannenden Charakter, indem sie den Kopf frei macht, auf der anderen Seite aber auch eine inspirierende Wirkung.

Malen und Zeichnen
Ich habe bis jetzt von keinem Menschen die Aussage gehört, dass er nicht schreiben kann. Aber sobald es ans Zeichnen geht, behauptet fast jeder, es nicht zu können. Denken Sie einfach daran, dass nicht Sie es sind, der da spricht, sondern nur Ihre linke, vorlaute Gehirnhälfte, die rational tickt und der rechten, kreativen Seite den Spaß vermiesen will. Immer wenn sich diese einmischt, versuchen Sie sie zum Schweigen zu bringen. Sagen Sie ihr: »Jetzt nicht, du bist später dran!« Irgendwann wird dieses innere Geplapper schon aufhören. Dann tritt eine innere Ruhe, ein Bewusstseinszustand ein, der als »Flow« bezeichnet wird. Wir sind, ähnlich wie beim Tanzen oder in Trance, ganz verbunden mit dem, was wir tun, tauchen ab und kümmern uns nicht um das, was um uns herum passiert. Es kann wie ein Drogenrausch sein, nur sehr viel billiger und gesünder. Aber eine Warnung sei

mir gestattet: Auch Malen kann süchtig machen! Wenn Sie einmal mit großen Formaten und in Farbe gemalt haben, dann werden Sie kaum mehr davon wegkommen! Nehmen Sie sich dafür Raum und Zeit, am besten malen Sie alleine. Denn man kann entweder sprechen oder zeichnen, aber nicht beides gleichzeitig. Plappernde Freundinnen würden hier nur stören.

Kümmern Sie sich nicht um die Qualität dessen, was Sie da machen. Wir glauben nur, wir könnten es nicht, weil wir unsere Zeichnungen mit denen berühmter Künstler vergleichen. Vielleicht haben wir auch Angst, uns zu blamieren, oder wir schämen uns einfach. Zeichnen und Malen eröffnet den Zugang zu einer anderen Bewusstseinsebene. Wir verbinden uns mit unserer Intuition, unserer Kreativität und Vorstellungskraft. Es gibt keine bessere Methode, die eigene Wahrnehmung zu schulen und die nonverbale Intuition zu steigern, als das Malen. Ob Sie frei malen oder etwas abzeichnen, ist zunächst einmal egal. Auch hier gilt wieder: Hauptsache, Sie tun es! Wenn wir etwas abzeichnen, werden wir beim Betrachten des Gegenstands eins mit ihm. Wir schulen dabei alle Sinne, scheinen geistig abwesend, sind jedoch voll konzentriert im Hier und Jetzt. Wenn man zeichnet, kann man nichts anderes tun. Insofern ist dieser Prozess ein entspannender und meditativer.

Wenn Sie sich mit realistischen Zeichnungen versuchen wollen, dann probieren Sie doch mal den folgenden Trick aus: Zeichnen Sie ein Motiv von einem Foto oder einer Abbildung ab, aber stellen Sie die Vorlage auf den Kopf. Dann konzentrieren Sie sich nämlich nicht auf das Motiv, sondern auf die Form. Der zweite Trick ist der, nicht den Gegenstand, sondern den leeren Raum dazwischen zu malen. Wenn Sie beispielsweise Blumen in einer Vase malen, dann betrachten und malen Sie nicht die Blumen, sondern die Leere zwischen den Blumen.

> **Übung: Einkaufszettel malen**
> Milch, Eier, Brot, Haferflocken, Waschpulver. Anstatt sich einen Einkaufszettel zu schreiben, können Sie ihn genauso gut zeichnen. Versuchen Sie es, außer Ihnen sieht ihn ja niemand.

Gestalten mit Materialien

Es ist vollkommen egal, womit Sie arbeiten. Falls Ihnen Farben und Stifte nicht liegen, versuchen Sie es mit Ton. Formen Sie sich selbst, Ihren Hund oder eine Buddha-Statue. Materialien gibt es in Hülle und Fülle. Sammeln Sie am Strand Muscheln und Treibgut und machen Sie daraus eine Collage. Schnitzen Sie sich aus einem Stück Rinde ein Boot, aus einem Stück Holz eine Puppe. Lassen Sie sich vom Material leiten. Wichtig ist, dass Sie zu diesem einen positiven Bezug haben. Manche Menschen lieben Filz, anderen ist er zu kratzig. Verarbeiten Sie Stoffreste zu Stoffdecken, ähnlich der traditionellen amerikanischen Quilts, streichen Sie alte Möbel um, sägen Sie ihnen die Beine ab und kreieren Sie etwas völlig Neues.

Was immer Sie tun, wichtig ist, dass Sie sich nicht durch kleine Formate einengen lassen. Kleine Stickereien, die auch noch an ein Muster gebunden sind, setzen nicht gerade Ihre kreativen Potenziale frei. Gehen Sie aufs Ganze. Arbeiten Sie mit großen Blättern, dicken Stiften, riesigen Pinseln oder mit Ihren Händen! Setzen Sie Ihren ganzen Körper ein, und werden Sie eins mit Ihrem Material.

Collagen

Alles, was Sie für eine Collage benötigen, ist ein großes Blatt Papier oder ein Karton als Hintergrund und jede Menge bunter Zeitschriften. Aus denen schneiden oder reißen Sie Motive aus und arrangieren Sie diese auf Ihrem Blatt. Mit einem Klebestift fixiert, haben Sie innerhalb kürzester Zeit ein eigenes Kunstwerk, und das, ohne zeichnen zu müssen!

Collagen können immer dann eingesetzt werden, wenn man an einer Kreuzung steht, sich nicht entscheiden kann und weitere Impulse braucht. Sie sind auch ein gutes Medium, um Menschen zusammenzubringen. Man kann in einem Team oder in einer Familie eine große gemeinsame Collage zu einem gemeinsamen Thema erstellen. Das stärkt die Gruppe und bringt die Mitglieder untereinander näher.

Übung: Meine Ziel-Collage
Nehmen Sie sich alte Zeitschriften, ein DIN A 3-Blatt, Schere und einen Klebestift und machen Sie eine Collage zum Thema »Mein Weg zum Ziel«. Sie benötigen dafür nicht mehr als eine halbe Stunde. Machen Sie mit Ihren Kindern eine Collage (jeder für sich oder eine große auf Packpapier gemeinsam) zum Thema »So wären wir eine tolle Familie« oder »So stelle ich mir mein Leben vor«. Ihrer Fantasie sind bei der Themenfindung keine Grenzen gesetzt.

Dem Vorstellungsvermögen vertrauen
Betrachten Sie Ihr heutiges Leben, und gehen Sie gedanklich zehn Jahre zurück: Haben Sie sich damals Ihr Leben so vorgestellt, wie es heute ist? Ich habe mich vor zehn Jahren selbstständig gemacht. Dass ich einmal ein Büro außerhalb meiner Wohnung haben würde, habe ich mir schon damals vorgestellt. Einen zweiten Hund wollte ich schon immer. Aber dass ich mehrere Bücher schreiben würde, habe ich damals nicht geahnt.

Einige meiner Vorstellungen und Wünsche haben sich also erfüllt. Unseren Vorstellungen wohnt eine Kraft inne, die man nicht unterschätzen darf. Wer sich vorstellt: »Das schaffe ich nie«, hat sein Scheitern möglicherweise schon vorprogrammiert. Wer sich denkt: »Momentan habe ich keinen blassen Schimmer, wie ich das schaffen werde, aber es wird gehen«, erweitert seine Vorstellung und damit automatisch auch seine Möglichkeiten. Wer das Ziel schon erreicht hat, hat einen anderen Standpunkt als der, der sich noch ganz am Anfang befindet. Aber derjenige, der es geschafft hat, hat bewiesen: Es ist machbar.

Die Möglichkeiten sind genauso wie das menschliche Bewusstsein unendlich. Begrenzt ist alleine unser Vorstellungsvermögen. Also dehnen wir es doch aus, um unsere Möglichkeiten zu erweitern. Was machbar ist, hängt vom Standpunkt ab. Also stellen Sie sich das, was Sie erreichen wollen, vor Ihrem inneren Auge vor. Fangen wir mal mit kleinen Vorstellungen an. Sie haben vor, in den Skiurlaub zu fahren, aber kein Hotel gebucht. Jetzt haben Sie zwei Möglichkeiten: Fantasieren Sie sich eine schönes, großes Zimmer mit Blick auf die Berge. Malen Sie es sich in den schönsten Farben aus. Welche Farbe hat der Teppichboden, wie fühlt es sich unter Ihren Füßen an, wenn Sie das Zimmer betreten? Wie groß ist das Bett? Welche Farbe haben die Stoffe, wie riecht es dort? Genau dieses Zimmer wollen Sie am Wochenende beziehen, außerdem ist es noch bezahlbar. Wenn Sie mit diesem Bild vor Augen sich Ihrem Urlaubsort nähern, wird dieses Zimmer schon auf Sie warten.

Sie haben aber auch noch eine andere Möglichkeit. Sie stellen sich vor, dass mal wieder alles ausgebucht ist und Sie bestimmt in der Sauna schlafen müssen. Wäre Ihrem Partner doch früher eingefallen, dass er zum Skifahren will, dann hätten Sie rechtzeitig reserviert. Jetzt wird es wie immer chaotisch! Sicher ist wieder kein Zimmer zu kriegen! Auch diese »Befürchtungen« sind innere Bilder, die die Tendenz haben, sich zu verwirklichen.

Sie haben also die Macht, über Ihre Vorstellungen Ihre eigene Realität zu gestalten. Bilder entstehen in unserem Gehirn. Das Auge erblickt das Objekt, beispielsweise ein Steak mit Salat, die Bildverarbeitung findet im Gehirn statt. Vor uns sehen wir dann das Bild. Dieses erzeugt Appetit und/oder Speichelfluss. Das Gehirn verarbeitet das Gesehene und erzeugt ein Bild. Ob der Impuls zu einem Bild quasi »durch die Augen« oder durch die Gedanken entsteht, ist dem Gehirn egal. Das Ergebnis ist das Gleiche. Stellen Sie sich doch ein Steak mit Salat vor. Müssen Sie nicht automatisch schlucken, weil Sie Appetit bekommen? Bilder erzeugen Botenstoffe im Gehirn, die unsere Gefühle steuern. Also kann jeder von uns allein durch seine Vorstellungskraft unmittelbar auf das eigene Gefühlsleben Einfluss nehmen.

Also nutzen wir doch die Macht der Vorstellung und schaffen wir uns dadurch die Voraussetzung, dass sie sich realisieren. Wenn Sie sich Ihr Ziel in allen Farben ausmalen, es noch mit angenehmen Gerüchen versehen und Ihre weiteren Sinne daran beteiligen, entsteht ein Bild, auf das sich alle Energien richten. Sie wünschen sich ein Haus am Meer? Das angepeilte Haus muss plastisch vor Ihrem inneren Auge erscheinen. Vielleicht ist es ja eine im maurischen Stil erbaute Villa mit hellgelbem Putz, am Eingang zwei Palmen, inmitten einer hügeligen Küstenlandschaft mit Mittelmeerpanorama. Riechen Sie den Duft der Zitronen, lauschen Sie dem Zirpen der Zikaden. Fühlen Sie die angenehme Wärme auf Ihrer Haut, den leichten warmen Hauch der Abendbrise? Spüren Sie das Kleinmosaik unter Ihren Fußsohlen, wenn Sie auf den Eingang zugehen?

Übung: Im Stau.
Beobachten Sie die Autos neben Ihnen, und denken Sie sich die Lebensgeschichte der Insassen aus. Sehen Sie den da in dem blauen Passat? Vertreter für Gabelstapler, verheiratet, zwei unerzogene Kinder. Wenn er nach Hause kommt, liegen die Legosteine noch überall herum. Seine Frau ist eine lausige Köchin, davon weiß sie aber nichts. Er geht am liebsten nach nebenan zu seiner Mutter zum Essen usw.

Lassen Sie Ihrer Fantasie freien Lauf! Sie hören im Stau Radio? Stellen Sie sich vor, wie die Moderatoren aussehen, welches Parfum sie benutzen.

Trainieren Sie Ihre Vorstellungskraft!
Bei manchen Menschen funktioniert das Vorstellungsvermögen wie ein inneres Kino, in dem ständig Filme ablaufen. Auch ich habe ein gutes Vorstellungsvermögen und innere Bilder, die auf Bestellung geliefert werden. Wenn ich einen Raum betrete, den ich neu gestalten soll, sehe ich ihn schon bald in seinem neuen Zustand, den ich nur noch zeichnerisch festhalten brauche. Falls es Ihnen ebenso geht und für Sie dieses Kapitel eigentlich überflüssig ist, gehören Sie zu den wenigen Menschen, die über ein ausgeprägtes Vorstellungsvermögen verfügen. Dann sind Sie dem visuellen Typ zuzurechnen.

Falls das nicht der Fall ist, können Sie Ihr Vorstellungsvermögen trainieren. Nehmen Sie sich zunächst eine Postkarte oder ein Bild vor. Das Motiv sollte einfach und ruhig sein wie beispielsweise ein langer Sandstrand am Meer ohne Menschen. Schauen Sie es an, bevor Sie die Augen schließen. Warten Sie, bis genau dieses Bild vor Ihrem inneren Auge auftaucht. Fügen Sie der Abbildung in Ihrer Vorstellung ein weiteres Detail hinzu. Sehen Sie den roten Sonnenschirm dort im Sand stecken. Darunter liegt auf einer weißen Liege … Schmücken Sie dieses Bild nach Belieben aus.

Eine gute Übung zur Visualisierung sind natürlich Bücher. Wer Bücher liebt, ist an sich schon ein fantasiebegabter Mensch.

Eine weitere Möglichkeit bieten Hörspiele im Radio, wovon es leider so gut wie keine mehr gibt, aber dafür nimmt die Zahl der Hörbücher zu. Unterwegs im Auto machen Hörbücher auch aus einem Stau eine spannende Angelegenheit. So viele Romane, wie ich mir anhöre, könnte ich nie und nimmer lesen, denn dazu fehlt mir die Zeit. Aber durch meine langen Autofahrten schlage ich zwei Fliegen mit einer Klappe.

Sie können zur Abwechslung auch mal den Fernseher ohne Bild laufen lassen. Legen Sie sich entspannt auf Ihr Sofa, schließen Sie die Augen und lauschen Sie den Dialogen eines Filmes. Lassen Sie die Bilder zum Ton auf Ihrer inneren Leinwand, vor Ihrem inneren Auge ablaufen. Stellen Sie sich dabei die Umgebung und die Menschen vor. Wie sehen sie aus, und was machen sie gerade?

Da Ihre inneren Bilder und Filme die Tendenz haben, sich verwirklichen zu wollen, sollten Sie sehr genau auf sie achten. Welche alten Filme, die Sie wirklich nicht noch einmal sehen wollen, lagern in Ihrem »inneren Archiv«. Sind es Klassiker wie »Der haut mich doch sicher auch wieder übers Ohr«, der von Menschen handelt, die uns enttäuschen werden. Falls sich diese Filmrolle immer wieder automatisch in Ihr Leben »einfädelt«, brauchen Sie sich nicht über wiederkehrende Enttäuschungen zu wundern. Also raus mit diesem Streifen! Schmeißen Sie ihn auf den Müll und ersetzen Sie ihn durch einen neuen.

Übung: Parkplatz bestellen

Wenn Sie das nächste Mal in die Stadt fahren, sollten Sie nicht daran denken, wieder keinen Parkplatz zu finden. Stellen Sie sich stattdessen vor, wo Sie am liebsten parken würden. Direkt vor dem Geschäft? Dann visualisieren Sie die Straße, das Geschäft und den Parkplatz. Der ist extra für Sie freigehalten. Mit diesem Bild fahren Sie in Richtung Stadt. Unterwegs können Sie demjenigen, der davorsteht, sagen, er soll jetzt in sein Auto steigen und ausparken, Sie würden gleich ankommen. Wie alles im Leben braucht dieses Training Zeit, also geben Sie nicht auf, wenn der Parkplatz mal nicht frei ist! Üben Sie weiter!

Ich wende diese Technik auch an, wenn mich ein langsamer Autofahrer vor mir auf der Landstraße nervt. »Du wirst bestimmt gleich abbiegen, oder willst du nicht auf den nächsten Parkplatz fahren, denn du musst doch sicher auf die Toilette«. Ich wünsche ihm ja nichts Schlimmes, nur eine kleine Pinkelpause. Probieren Sie es aus! Bei mir funktioniert's!

Sinnlich leben
Nehmen Sie Ihr Leben bewusst mit allen Sinnen wahr? Gehen Sie mit offenen Augen durch den Tag? Hören Sie die Bedrücktheit aus der Stimme Ihrer Freundin am Telefon? Fühlen Sie den kühlen Wind auf Ihrer Haut? Riechen Sie den Duft des Herbstlaubs, der in der Luft liegt? Schmecken Sie den beerigen Geschmack des Rotweins an Ihrem Gaumen?

Der Mensch ist ein durch und durch sinnliches Wesen, das heißt, er empfängt Botschaften, er nimmt »wahr« und verarbeitet sie zu Sinneseindrücken. Was wir wahrnehmen, ist für uns »wahr«. Es entspricht unserer Vorstellung von der Realität. Wie wir uns selbst und die Ereignisse um uns herum wahrnehmen, löst wiederum Gefühle und Gedanken aus. Wir beurteilen die Welt über unsere Sinne, verlassen uns auf sie, filtern durch sie unsere Erfahrungen und planen daraufhin unsere Zukunft. Unsere sinnliche Wahrnehmung bestimmt somit auch unsere Ziele.

Wir alle schauen auf dieselbe Welt, und dennoch sieht jeder von uns etwas anderes. Sie können mit Freunden ins Kino gehen, sich denselben Film anschauen, aber jeder wird seinen eigenen Film sehen. Wir sehen nur, was wir kennen und was wir sehen wollen, wir blenden Dinge aus, die uns nicht gefallen und erfinden manche Szenen dazu. Das Auge sieht den Film, die Ohren hören den Ton und die Bild- und Tonverarbeitung passiert in unserem Kopf. Wir sehen den Film sozusagen vor unserer eigenen inneren Leinwand, konstruieren unsere eigene Wirklichkeit. Somit kann Wahrnehmung nie objektiv sein. Wir begrenzen uns in der Wahrnehmung durch unsere eigene Kenntnis, wir sehen nicht, was wir nicht kennen, folglich können wir auch nicht wahrnehmen, was wir nicht kennen. Unsere Wahrnehmung ist begrenzt, die Realität ist es nicht.

Über unsere Wahrnehmung schätzen wir unsere Möglichkeiten im Leben ein und beschränken uns künstlich. Die Aussage: »Das kann ich nicht« schneidet uns von einer Möglichkeit ab.

Die Aussage: »Das will ich lernen« öffnet hingegen unseren Horizont. Wenn wir uns nach möglichen neuen Zielen umschauen, sollten wir unsere Scheuklappen ablegen. Ansonsten wandeln wir auf denselben ausgetretenen Pfaden und sehen das, was wir bis jetzt gesehen haben. Wir können die Realität nicht verändern, unsere Haltung den Dingen gegenüber aber schon. Wir können sie von einem anderen Standort aus »wahrnehmen«, was unsere Sinne schult. Wenn wir uns unserer eigenen Filter und Raster bewusst sind, können wir versuchen, diese durch aufmerksame Beobachtung zu erweitern. Wenn ich meiner Umgebung meine volle Aufmerksamkeit schenke, meine Sinneskanäle öffne und versuche, meine Sinne zu schärfen, werde ich mich nirgendwo mehr langweilen und die Welt wird mir täglich neue Aspekte bieten.

Ob es sich ums Sehen, Riechen, Fühlen, Schmecken, Hören handelt – in jedem Fall wird die Intensität der Wahrnehmung unterstützt von Kenntnis, Gewohnheit und Übung. Wenn Sie sich jetzt chinesische Musik anhören, werden sich Ihre Ohren schnell vor diesen scheinbar disharmonischen Tönen verschließen wollen. Wenn Sie sich jedoch in diese Musik über längere Zeit »einhören«, sich theoretisch mit den Strukturen auseinandersetzen und diese dann in den Musikstücken erkennen, wird sich der Horizont Ihres Hörerlebnisses erweitern, und Sie werden ein anderes Urteil über dieselbe Musik abgeben. Diese Musik wird Ihr Repertoire erweitern, vielleicht Ihr Interesse wecken oder endgültig erlöschen lassen. In jedem Fall führt es zu einer neuen Erfahrung, die Sie vielleicht auch Ihrem Ziel einen Schritt näher bringt.

Beobachten mit allen Sinnen
Der entwicklungsgeschichtlich gesehen älteste Sinn ist der Geruchssinn. Tiere verlassen sich in Ihrem Verhalten auf den Geruch. Sie haben eine weitaus empfindlichere Nase als der Mensch und benutzen diese, um sowohl Nahrung als auch den Feind zu wittern. Neugeborene riechen sich zur Mutterbrust. Wenn wir jemanden nicht riechen können, heißt das, dass wir seinen Geruch nicht mögen und dieser Mensch auf uns unsympathisch wirkt. Gerüche unterliegen Moden, und völlig aus der Mode gekommen sind die natürlichen Körpergerüche. In unserer

modernen Gesellschaft werden diese nicht akzeptiert. Gerüche sind auch oft standardisiert, jeder benutzt eines von hunderten auf dem Markt befindlicher Parfums.

Was den Geruchssinn unkontrollierbar macht, ist die Tatsache, dass wir auch außerhalb der bewussten Wahrnehmung Gerüche riechen und auf sie reagieren. Sexuelle Lockstoffe wie die Pheromone wirken direkt auf das Reptilhirn und lösen entsprechende Impulse aus. Wir sind sozusagen Sklave unserer Instinkte. Auf der Geruchsebene reagieren wir instinktiv auf unsere Mitmenschen. Wen wir nicht riechen können, von dem sollten wir die Finger lassen! Diese Ebene der Sympathie läuft unterhalb der bewusst wahrnehmbaren Gerüche.

Zusammen mit unserer unbewussten Wahrnehmung der Körpersprache des Gegenübers fällen wir innerhalb von Sekundenbruchteilen ein Urteil. Wir bleiben oder wir fliehen, das heißt, wir finden ihn sympathisch, wir nehmen ihn gar nicht wahr oder es sträuben sich unsere Nackenhaare. Diese Reaktion ist eine Mischung aus unterschiedlichen Ebenen der Wahrnehmung, zu der das Hören der Stimme oder das Fühlen noch nicht einmal nötig sind. Ob jemand »echt« ist oder nicht, ob Freund oder Feind, beurteilen wir aufgrund feinster Impulse.

Wenn sich die Sinne miteinander vermischen, nennt sich das Synästhesie. Sehen Sie Farben, wenn Sie Wörter hören? Riechen Sie bestimmte Gerüche, wenn Sie Musik hören? Oder schmeckt Blumenkohl spitz? Manche Menschen haben diese gekoppelten Sinneseindrücke und denken, dass es anderen genauso geht. Ich war überrascht, dass die Fünf nicht für jeden Rot ist, Wörter nicht für alle farbig sind wie in meiner Vorstellung. Falls es bei Ihnen solche Überschneidungen gibt, nehmen Sie diese bewusst wahr! Falls nicht, versuchen Sie bewusst die Sinnesebenen miteinander zu verbinden.

Egal, wie die Sinne funktionieren, sie tun es! Und wir sollten uns auf sie verlassen. Sie sprechen zu uns und wir reagieren körperlich, indem wir stehen bleiben oder unauffällig die Flucht ergreifen.

Also beobachten Sie den ersten Impuls, den Sie haben, wenn Sie mit Menschen zusammentreffen. Ebenso geht es uns bei verschiedenen Themen. Sie ziehen uns an oder sie stoßen uns ab. Was Sie persönlich abstößt, kann niemals zu Ihrem Ziel gehören. Also lassen Sie die Finger davon. Nach dem Warum braucht man sich nicht zu fragen, damit vergeudet man nur seine Zeit. »Der ist mir unsympathisch, mit dem kann ich nicht, das stößt mich ab«. Punkt. Das genügt.

> **Übung: Sinne verbinden**
> Welche Farbe hat die Sieben? Wie riecht der Montag? Wie klingt Zimt? Wie fühlt sich der Beatles-Song »Let it be« auf Ihrer Haut an?

Verspielt sein

Ein weiterer »Sinn«, der eher unter dieses Kapitel fällt, ist der »Blödsinn«. Das ist derjenige Sinn, der uns in den Zustand früher Kindheit zurückversetzt und uns auch heute noch auf Bäume klettern und fremde Klingelknöpfe drücken lässt. Wie »albern« und »kindisch« jemand ist, hat wenig mit seinem biologischen Alter zu tun. Manch einer ist so kreativ, dass ihm im hohen Alter noch Streiche einfallen. Wer sich diese Gabe erhalten hat, bleibt mit seiner kindlichen Kreativität verbunden.

Stellen Sie sich vor, das Leben wäre ein Spiel. Welchem Spiel käme Ihr Leben nahe? Ist es ein Tennismatch gegen einen harten Gegner? »Mensch ärgere dich nicht« mit drei anderen Spielern? Eine Schnitzeljagd im Wald? Oder spielen Sie nur gegen sich selbst Patience? Nach welchen Regeln spielen Sie dieses Spiel? Halten Sie sich wortwörtlich an die Spielregeln? Ändern Sie sie im Laufe des Spiels, wo und wie Sie diese gerade brauchen? Versuchen Sie andere zu übervorteilen oder interessieren Sie Spielregeln überhaupt nicht? Spiele sind für mich mit Freude, Humor und Leichtigkeit verbunden.

Unabhängig vom Alter ist der Mensch ein verspieltes Wesen. Kinder spielen Ball, rennen ihm hinterher, fangen einander, verstecken und necken sich. Erwachsene spielen Fußball, rennen einem Ball hinterher und freuen sich wie die Kleinen, wenn sie ein Tor geschossen haben. Das Spiel mag der Gegenpol zum Krieg sein, man spielt um zu gewinnen. Die Ernsthaftigkeit, mit der die Fußballspiele der WM ausgetragen wurden und die Emotionen, die freigesetzt wurden, haben nichts mehr mit Spaß zu tun, denn sie zielen lediglich darauf ab, die gegnerische Mannschaft zu besiegen.

Kartenspiele, Brettspiele sind gesellschaftliche Ereignisse, bei denen es darum geht, eine Gruppe zusammenzubringen und einen netten Abend miteinander zu verbringen. Sollte man jedenfalls meinen! Ein solcher Abend kann sich aber schnell zu einem Geschlechterkrieg auswachsen, wenn Männer gegen Frauen spielen und erstere nicht verlieren können. Wollen Sie jemanden wirklich gut kennen lernen? Dann spielen Sie mit ihm Monopoly. Spiele werden von manchen ernster genommen als das Leben. Vielleicht stellen Sie sich die Frage, welchem Spiel Ihr Leben entsprechen könnte. Und darum geht es. Sich selbst immer und immer wieder die kindliche Leichtigkeit und Unvoreingenommenheit zu schaffen. Wer kreativ sein will, muss sich seine kindlichen Seiten bewahrt haben. Dazu gehört, alles zu hinterfragen (»Warum ist die Banane krumm)«, allem mit Neugier zu begegnen und sich begeistern zu können. Diese spielerischen Aspekte der Lebensbewältigung werden im Stress des Alltags oft vergessen. Warum nehmen wir alles immer so schrecklich ernst? Warum kann man nicht mehr über Fehler hinwegsehen, vielleicht sogar darüber lachen?

Wir können jedem Problem lächelnd begegnen, uns darauf freuen, dass es wieder was zu lösen gibt, anstatt mit herunterhängenden Mundwinkeln schon auf Abwehr gehen. Haben Sie heute schon gelacht? Ach, Sie haben nichts zu lachen? Darüber kann ich ja nur lachen! Täglich mindestens einmal herzhaft zu lachen kann eins Ihrer Ziele sein. Man kann ja über sich selbst lachen, Grund dazu hat man täglich! Sich selbst aber nicht zu ernst zu nehmen, ist die große Kunst. Sich und den anderen mit Humor zu begegnen, eine gewisse Leichtigkeit in Gespräche zu bringen und diese auch tagtäglich zu leben – wäre das kein gutes Ziel?

4. Schritt: Intuition

Das Wort Intuition stammt aus dem Lateinischen intueri, was soviel heißt wie »auf etwas schauen«, »in etwas hineinschauen«. Wir bezeichnen damit eine Sinneserfahrung, die ganz spontan aus unserem Inneren kommt und uns eine Erkenntnis liefert. Intuitiv finde ich den richtigen Weg zu einem Hotel in einer fremden Stadt, wenn ich meinem inneren Navigationssystem sage, es soll mir den Weg weisen. Für die einen ist Intuition eine Verbindung mit göttlichen Kräften, für die anderen die Verbindung mit dem eigenen, jedem Menschen innewohnenden Instinkt.

Intuitiv zu handeln heißt, einem Impuls zu folgen, ohne ihn vorher reflektiert zu haben. Wir fühlen uns zu manchen Menschen hingezogen, von anderen abgestoßen. Unser »Bauchgefühl« funktioniert innerhalb von Sekundenbruchteilen und funkt: »Alles in Ordnung«, oder »Alarm«. Wie das im Einzelnen funktioniert, ist noch nicht erforscht. Sicher ist, dass der Mensch über ein höchst sensibles und zuverlässiges System verfügt, dessen Kapazitäten ausbaufähig und trainierbar sind.

Hier liegen bei vielen Menschen ungeheure Potenziale brach. Um unsere Sinne zu schulen, Grenzen aufzuheben und uns auch scheinbar »Übersinnlichem« gegenüber zu öffnen, ist es zunächst erforderlich, dass wir unsere Intuition selbst akzeptieren und ernst nehmen. Sie verhilft uns zu einem besseren Zugang zu uns selbst und unserem inneren Navgationssystem.

Dem Gefühl folgen

In alten Kulturen wurde die Verbindung zu den intuitiven Fähigkeiten des Menschen oft unter Mithilfe medial veranlagter Seher geknüpft oder mithilfe von alten Orakeltechniken wie dem Tarot oder dem chinesischen I Ging oder den germanischen Runen. Diese Techniken wollen den Menschen mit seinen intuitiven Fähigkeiten verbinden.

Unsere intuitive Intelligenz ist unschlagbar schnell. Wir erleben sie als spontane Idee, zündenden Funken oder hellsichtige Ahnung. Manchmal scheint diese Verbindung unterbrochen zu sein, weil wir sie nicht ernst nehmen oder nicht wahrhaben wollen. Wir können diese Gefühle in der Regel nicht »beweisen« oder erklären. Oft trauen wir unserer eigenen Intuition nicht, weil uns andere verunsichern oder abwerten. »Du schon wieder mit deiner Ahnung«, heißt es dann, wenn weibliche Intuition auf männlichen Verstand trifft. Die weibliche Zuordnung ist insofern passend, als diese Fähigkeit nach dem chinesischen System von Yin und Yang zum weiblichen, weichen Yin-Prinzip gehört, ebenso wie die rechte Hemisphäre. Da ein jeder Mensch sowohl über Yin- als auch über Yangqualitäten verfügt, ist Intuition keine geschlechtsspezifische Gabe.

Die Intuition kann sich als diffuses Gefühl äußern, das sich schwer beschreiben lässt. Umgekehrt sind nicht alle Gefühle, die wir empfinden, »Intuitionen«. Die große Kunst besteht darin, diese zu unterscheiden. Wenn ich durch lange Tunnels fahre, habe ich eigentlich immer Angst. Mir gefällt dieser Zustand in der Dunkelheit ohne Fluchtmöglichkeiten nicht. Früher bin ich regelmäßig in Panik geraten, heute habe ich diese Angst im Griff. Wenn ich aber eine intuitive Angst haben würde, könnte ich diese sehr wohl von meiner alltäglichen Angst unterscheiden. Dieses diffuse Gefühl: »Gleich passiert etwas« hält mich dann hoffentlich davon ab, mich in Gefahr zu begeben.

Andere Gefühle wie Wut, Hass, Eifersucht oder auch Liebe haben nur selten »intuitiven« Charakter. Plötzliche »Gedankenblitze« aus heiterem Himmel wie: »Jetzt verbringt er gerade die Nacht mit der und der Frau«, sind nicht unbedingt an Gefühle wie Eifersucht gekoppelt. Intuitionen kommen oft vollkommen außerhalb eines logischen Zusammenhangs. Als ich diesen Gedankenblitz bei einem meiner Exfreunde hatte und in der Nacht zu ihm fuhr, traf ich ihn nicht an. Als er im Morgengrauen zurückkehrte und ich ihn mit meiner »Ahnung« konfrontierte (die ich mir selbst nicht erklären konnte, ich wusste nicht einmal, dass er diese Frau kennt), konnte er mir nur noch zustimmen. Die Gefühle wie Eifersucht, Wut, Enttäuschung folgten erst danach!

Intuition bedeutet Vertrauen. Vertrauen darauf, dass sich in uns selbst eine Erkenntnisebene befindet, dass in uns selbst schon alle Antworten auf die Fragen angelegt sind, die uns betreffen. Man muss sich selbst nur noch die richtigen Fragen stellen und seiner Intuition vertrauen.

In welchen Situationen hören Sie auf Ihre Intuition? Ihre innere Stimme? Oder nennen Sie es lieber »Bauchgefühl«? Wenn ich Menschen frage, wo ihre Intuition sitzt, zeigen einige auf ihr Herz und andere auf den Bauch. Auf den Kopf zeigt so gut wie keiner, obwohl die Forschung eindeutig belegt, dass und wie Gefühle im Gehirn entstehen und dort verarbeitet werden. Aber irgendwie trauen wir unserem Gehirn kein Gefühl zu, sehen in ihm nur den Sitz des Verstandes.

Intuitiv zu handeln bedeutet für mich, endlich die wertende Trennung zwischen der rechten und linken Gehirnhälfte aufzugeben, Gedanken in Gefühle zu übersetzen und fühlend zu denken. Das kann geschehen, wenn wir beide Gehirnhälften miteinander verbinden und uns all unserer Fähigkeiten bedienen, ohne die eine als »schlechter« abzulehnen. Es ist einfach nur anders! Unser Denken und Fühlen ist nicht getrennt, es hängt zusammen wie Yin und Yang, weiblich und männlich, Nacht und Tag. Beide sind Teil des kosmischen Ganzen, und wer das eine ablehnt, lehnt die Hälfte der Schöpfung ab.

Übung: Sie können zaubern
Stellen Sie sich vor, diesem Buch würde ein Zauberstab beiliegen, mit dem Sie alles verzaubern, wegzaubern oder herzaubern könnten. (Die Idee vom Zaubern oder vom Wunder zapft die Intuition, das unbewusste Wissen an).
- Wie würden Sie merken, dass der Zauberstab funktioniert?
- Was hätte sich verändert?
- Was würde sich langfristig für Ihr Leben verändern?
- Was würden die anderen dazu sagen?
- Was oder wann haben Sie da schon mal gezaubert?

Verstand und Gefühl vernetzen
Da wir in der Polarität von Ja und Nein, hell und dunkel, warm und kalt und so weiter leben, fühlen wir uns oft zwischen mehreren Möglichkeiten hin- und hergerissen (»soll ich geradeaus weiter, links oder rechts abbiegen?«) oder aber wir befinden uns in einem Zustand ständiger Bewertung: »Das gefällt mir, das gefällt mit nicht«, »das ist etwas für mich, das kommt nicht infrage«. Wir befinden uns oft auch im Konflikt zwischen Verstand und Gefühl. Das Gefühl sagt: »Das ist genau mein Ding! Diese Ausbildung mache ich jetzt«, woraufhin sich der Verstand sofort zu Wort meldet: »Wie kommst du denn darauf? Woher weißt du das so sicher?« Aber wo beginnt der Verstand und wo endet die Intuition? Können wir diese beiden Zustände überhaupt auseinanderhalten? Wichtig ist, dass wir beide für uns arbeiten lassen, denn sie sind unsere Helfer auf der Suche nach einem authentischen Leben.

Nehmen wir mal an, der Verstand ist in der linken Hemisphäre beheimatet, das Gefühl in der rechten. Wodurch unterscheiden die beiden sich in ihrer Arbeitsweise? Die logische, linke Seite hat eine sehr begrenzte Aufnahmekapazität von sieben Eindrücken pro Sekunde. Sie ist als Kontrolleur viel vorlauter als unsere emotionale, kreative Seite. »Was du dir schon wieder einbildest«. Kaum, dass wir die tolle Idee gedacht haben, meldet er sich auch schon wieder: »Das klappt doch nie, das lässt sich so nie bauen, verwirklichen, finanzieren ...«. »Du kannst doch überhaupt nicht zeichnen«, behauptet er, bevor wir auch nur einen Stift in die Hand genommen haben. Er ist nicht schlechter, er ist nur anders und versucht uns im alten Zustand zu halten. Wenn es also um Neuerungen im Leben geht, so brauchen wir mit der Unterstützung der linken Seite zunächst nicht zu rechnen.

Die rechte, bildlich emotional arbeitende Seite hat eine Aufnahmekapazität von bis zu 10.000 Eindrücken pro Sekunde! Diese Eindrücke werden meist unterbewusst gelagert und machen in der Summe wohl das aus, was wir unter Intuition verstehen. Welche Seite ist bei Ihnen stärker ausgeprägt? Handeln Sie zuerst und denken Sie dann? Oder hören Sie zuerst auf Ihren Kontrolleur, ehe Sie sich zum Handeln entscheiden? Sind Sie eher der impulsive, spontane (rechte Hemisphäre-) Typ oder der überlegte, analytische (linke Hemisphäre-) Typ? Im Idealfall arbeiten beide Seiten kooperativ zusammen. Doch das müssen Sie trainieren. Dabei können kreative Prozesse äußerst hilfreich sein, denn sie verbinden beide Hirnhälften optimal miteinander.

Der Mensch kann erst dann spontan handeln, wenn er strukturiert denken kann. Die logische, linke Seite kann jedoch nicht nur exzellent denken, sondern auch die gefühlsmäßige, rechte Seite unterstützen. Nachweislich werden Gefühle auch durch Gedanken erzeugt. Sie fühlen sich schlecht? Warum? Woran haben Sie zuletzt gedacht? Wie haben Sie sich gefühlt, bevor Sie an diesen Gedanken gedacht habe? Jeder von uns kennt das. Es geht uns gut, bis wir wieder an etwas Altes denken, an unsere Scheidung oder Streit, und plötzlich kippt die Stimmung. Vorher noch grundlos glücklich, jetzt unglücklich, wenn auch mit gutem Grund. Welchen Zustand ziehen Sie vor? Sie haben die Wahl! Denn wer außer Ihnen selbst kann Ihre Gefühle beeinflussen? Die anderen, die Sie ärgern und nerven? Sollte man denken. Aber ist es nicht umgekehrt, dass erst Sie den anderen die Erlaubnis geben, Sie zu nerven?

Entscheiden Sie sich selbst, welche Gefühle die Handlungen und Äußerungen Ihrer Mitmenschen bei Ihnen auslösen. Denn die Gefühle werden nicht wie ein Virus von außen in Sie hineingepflanzt, sondern die Emotionen entstehen in Ihnen selbst. Ein ärgerliches Wort des anderen ist wie ein Ball, der Ihnen zugespielt wird. Allein Sie entscheiden, ob Sie ihn auffangen oder einfach weiterrollen lassen! Sie selbst sind der Gestalter Ihrer Gefühle. Also denken Sie nur an das, was Sie anziehen oder erreichen wollen. Alles andere lassen Sie ziehen. Wie viele überflüssige Gedanken machen wir uns über den Tag hinweg? Welche Zeit- und Energieverschwendung!

Übung: Zeichnerisch beide Hirnhälften verbinden
Nehmen Sie ein Blatt Papier und einen Stift. Malen Sie in die Mitte des Blattes eine kleine Acht und lassen sie diese, ohne mit dem Stift abzusetzen, immer größer und größer werden, bis sie das ganze Blatt ausfüllt. Nehmen Sie ein zweites Blatt, malen Sie eine große Acht, die das ganze Blatt ausfüllt und machen Sie diese, ohne mit dem Stift abzusetzen, immer kleiner. Diese Übung eignet sich gut zum Entspannen oder als kleine Pause, wenn Sie eine Arbeit abgeschlossen haben und eine neue beginnen möchten.

Leidenschaftlich leben

Es ist eine Freude, Menschen bei der Arbeit zuzusehen, die mit dem Herzen bei der Sache sind. Das kann ein Kellner sein, dem man anmerkt, dass er gerne dient. Das mag ein Friseur sein, der eins wird mit seiner Schere und bei seiner Arbeit wie im Schlaf agiert. Oder der Heilpraktiker, der durchtränkt scheint von seinem Wissen und begnadete Hände hat.

Wenn Sie Menschen beobachten, die über ein Thema sprechen, das sie wirklich interessiert und berührt, dann werden Sie ein Leuchten in deren Augen und einen bestimmten Klang in deren Stimme bemerken. In diesen Menschen glüht ein Feuer. Sie haben ihre Leidenschaft gefunden und können durch diese Haltung oft auch andere Menschen »infizieren«. Bei welchem Thema fangen Ihre Augen an zu leuchten? Was begeistert Sie? Was bringt Sie zum Glühen? Strahlen? Vibrieren? Wann glänzen Ihre Augen? Was begeistert Sie? Eine Person, ein Musikstück?

Begeisterung kann im Unterschied zur Leidenschaft eine schnell verglühende Liebe sein, die auch Gefahr läuft, enttäuscht zu werden. Wenn die Begeisterung auch Krisen übersteht, wenn man bereit ist, für die Sache zu leiden, beschwerliche Wege auf sich nimmt, um es durchzuziehen, dann kann aus Begeisterung Leidenschaft werden.

Leidenschaft ist mehr als reines Interesse. Es geht hierbei nicht so sehr darum, was man macht, sondern **wie** man es macht. Wer leidenschaftlich tanzt, vergisst dabei Raum und Zeit. Wer leidenschaftlich arbeitet, wird eins mit der Materie, die er bearbeitet, verschmilzt mit der Leinwand oder dem PC. Diese Verschmelzung, diesen Fluss der Energien, in dem man eins wird, nennt sich auch »Flow«. In dem Moment kann das Telefon klingeln und Sie hören es vielleicht nicht. Es wird draußen dunkel und sie verlieren Ihr Zeitgefühl. In diesem Moment sind Sie Ihrem Ziel nah. Wer seine Ziele kennen lernen möchte, muss nach seinen Leidenschaften suchen! Beides braucht Herzblut. Also machen Sie Ihre Leidenschaft zu einem Teil Ihres Ziels oder zum Ziel selbst. Wenn Sie ein Thema haben, das Sie derartig fesselt, dann hat es Kapazität, ein großes Ziel zu werden.

In dem Moment, in dem man mit Leidenschaft bei der Sache ist, kann eine große Qualität entstehen. Selbst scheinbare Routinearbeiten können durch eine Prise Leidenschaft jedes Mal so erscheinen, als mache man diese Arbeit zum ersten Mal. Dabei zeigt sich, dass es lange nicht so wichtig ist, was man tut, viel wichtiger ist es, wie man es tut! Leidenschaft berührt die Seele. Leidenschaft ist Hingabe an eine Person oder eine Sache.

> **Übung: Flow**
> Machen Sie eine Liste derjenigen Tätigkeiten, die Sie besonders gerne machen. Wobei vergessen Sie Raum und Zeit? Was bringt Sie zum Glühen? Was fasziniert Sie? Was berührt Ihre Seele?

Auf den inneren Ratgeber hören
Intuitiv zu sein bedeutet, auf seine eigene innere Stimme zu hören. Wenn ich vor einer Entscheidung stehe und mir selbst eine Frage stelle, bekomme ich eine Antwort oder auch mehrere.

Soll ich an diesem schönen Herbsttag hier in meinem Büro sitzen oder an die frische Luft gehen? Mein Verstand sagt: »Du bleibst hier so lange sitzen, bis das Buch fertig geschrieben ist«. Der Hedonist in mir lockt: »Schau dir die Sonne an, vielleicht ist das der letzte schöne Tag im Jahr. Jetzt stell dich nicht so an und geh raus!« Der Mensch ist in der Lage, zu reflektieren und sich Gedanken zu machen. Dabei wägen wir Entscheidungen ab, vergleichen Sie mit bereits gemachten Erfahrungen, berücksichtigen dabei auch unsere Wertvorstellungen und vieles mehr. Es wohnen nicht nur zwei Seelen in unserer Brust, sondern ein ganzes Team von Experten. Aber vergessen Sie niemals, dass Sie der Teamleiter sind.

Wenn Sie Ihr Innenleben unter diesem Aspekt betrachten, können Sie sich diesen inneren Reichtum eingestehen und gleichzeitig auf Distanz zu sich gehen. Je nach Situation spricht mein Kontrolleur: »Du hast schon wieder nicht aufgeräumt.« Wenn ich dabei bin, mich mal wieder danebenzubenehmen, versucht mich meine innere Heilige davon abzuhalten: »So etwas tut man in deinem Alter doch nicht«. Und die Durchgeknallte mischt sich ein: »Jetzt stell dich nicht so an!«

Haben Sie auch eine innere Stimme mit dem Namen Ilse? »Ilse Bilse keiner willse« regiert an Tagen, an denen man sich klein und hässlich fühlt. Wie gut, dass man noch andere Experten in seinem Team hat, die Stars, die stärker sind als dieses Mauerblümchen. Keine Sorge, ich bin weder schizophren noch leide ich an einer multiplen Persönlichkeitsstörung. Aber meiner Meinung nach ist jeder Mensch ungeheuer facettenreich und vielseitig. Gerade die sensiblen und kreativen Menschen müssen Techniken entwickeln, um diese Vielfalt zu leben und zu verwalten. Für mich ist die Idee, die verschiedenen Persönlichkeitsanteile als ein Kompetenzteam zu sehen, einleuchtend und hilfreich. Mit dieser Betrachtungsweise lassen sich innere Konflikte hervorragend lösen. Es ist eine spielerische Methode, die auch mal fünf gerade sein lässt, sodass Sie sich Ihre Flexibilität bewahren. Ich muss mich nicht entscheiden, ob ich eine Heilige oder eine Hure sein will. Ich trage beide Aspekte in mir und kann mir aussuchen, welchen davon ich ausleben möchte. Ich muss mich nicht entscheiden, Heldin oder Angsthase zu sein, ich bin es je nachdem.

Als ich nach der Trennung von meinem Mann das erste Mal alleine in die Berge reiste, fühlte ich mich bei meinem ersten Ausflug vollkommen alleine. Ich fuhr mit der Gondel den Berg hinauf und überlegte oben, ob ich durch den Wald laufen oder lieber sofort ins Tal zurückfahren sollte. Der mutige Teil in mir sprach: »Der Waldweg ist schön, du brauchst Bewegung, das wird dir guttun.« »So alleine durch den dunklen Wald, was ist, wenn du unterwegs Angst kriegst«, sprach der ängstliche Teil meines Ichs. »Also überleg dir das gleich hier oben, ob du Angst bekommen willst oder nicht. Wenn du jetzt da runter gehst, dann ohne Angst«, sprach meine vernünftige innere Stimme. Ich entschied mich also, keine Angst zu haben und den Weg ins Tal zu genießen. Als mich unterwegs immer mal wieder so ein leichter Hauch von Angst streifte, schickte ich sie weg. »Ich diskutiere jetzt nicht mehr, ich habe mich entschieden, keine Angst zu haben, also weg mit dir«. Danach genoss ich den Abstieg ganz alleine ins Tal. Nachdem ich unten angekommen war, war ich stolz auf mich. So stolz, als hätte ich alleine eine Amazonasexpedition hinter mich gebracht.

Übung: Gedankenkontrolle
Werden Sie Herrscher über Ihre Gedanken! Diejenigen, die Sie nicht mehr denken wollen, schreiben Sie auf einen kleinen Zettel, den Sie anschließend verbrennen. Das nächste Mal, wenn er sich wieder meldet, erinnern Sie sich daran, dass er nun Rauch ist. Stellen Sie sich vor, wie der Rauch an Ihnen vorbeizieht.

Meditieren
Wer einen Zugang zu sich selbst und seinen Zielen sucht, wer seine Intuition pflegen und seine seelische Landschaft kennen lernen möchte, der sollte sich intensive Zeiten nur mit sich selbst gönnen. Dafür ist die Meditation eine ausgezeichnete Methode. Jeden Tag, am besten frühmorgens oder abends, sich für mindestens zehn Minuten in einen Zustand der Gelassenheit und Ruhe zurückzuziehen. Hierbei sollten Sie sitzen, nicht liegen, denn Meditation ist nicht unbedingt ein Zustand der Entspannung. Im Liegen läuft man Gefahr, schnell einzuschlafen. Meditation im Sitzen braucht einen festen Ort, wobei eine

Ecke in Ihrem Schlafzimmer genügt, in der Sie ungestört sind. Es geht mir bei meiner Meditation darum, nicht nachzudenken, mich leer zu machen von den Eindrücken des Tages. Den Geist leeren bedeutet nichts denken. Wenn Gedanken kommen, verwandle ich sie in Wolken und lasse sie ziehen. Ich versenke mich in einen Zustand entspannter Wachheit und Aufmerksamkeit. Meditation braucht Übung und muss Freude machen. Ich genieße diesen absichtslosen Zustand mit mir selbst. Ich will dabei nichts, ich muss nichts leisten, keiner will was von mir.

Meditation kann man lernen. Für den Einstieg empfiehlt sich auch hier die Anleitung eines Lehrers. Im Gegensatz zum Gebet ist die Meditation vollkommen absichtslos. Ich bitte keinen Gott um irgendetwas, ich reflektiere auch nichts, ich will nichts und denke möglichst nichts.

Falls Ihnen das zu esoterisch vorkommt, suchen Sie sich eine andere Meditationsform. Diese lässt sich zusätzlich zur ersten anwenden. In dieser Form der Meditation konzentriert man sich einfach nur auf das, was man tut. Die Gedanken befinden sich dort, wo der Körper ist, also hier genau auf diesem Stuhl, ohne in die Vergangenheit oder in die Zukunft abzuschweifen. Mein Zustand ist im Moment ein schreibender. Ich sitze auf einem Stuhl und schreibe. Dabei denke ich weder an morgen noch an gestern, sondern ich genieße den Moment und konzentriere mich ganz auf das, was ich gerade mache. Durch eine konzentrierte Tätigkeit kann im Geist ein entspannter Zustand erreicht werden, eine innere Ruhe, die nur eine Wirklichkeit kennt, das Jetzt.

Egal was Sie tun, ob Sie abwaschen oder Essen kochen, tun Sie nur das eine. Bleiben Sie ganz bei der Sache. Im Hier und Jetzt zu existieren bringt eine Gelassenheit und Präsenz ins Leben, die sich heilend auf Geist und Seele auswirkt. Dem entgegengesetzt ist das gepriesene Multitasking, wobei man mehrere Aktivitäten gleichzeitig tut. Wenn man beim Telefonieren auch noch Wäsche aufhängt oder Zeitung liest, befindet man sich bestimmt nicht im Hier und Jetzt.

Übung: 10-Minuten-Meditation für Einsteiger
Setzen Sie sich aufrecht und bequem an einen ruhigen Platz auf einen Stuhl oder auf ein Kissen am Boden. Stellen Sie sicher, dass Sie nicht gestört werden. Die Augen bleiben offen, der Blick fällt ungefähr zwei bis drei Meter vor Ihnen auf den Boden. Die Hände liegen locker auf Ihren Oberschenkeln. Sie können auch eine Kerze anzünden und diese als »Fixierpunkt« hinstellen. Sitzen Sie bequem und aufrecht, entspannen Sie Ihre Gesichtsmuskeln, atmen Sie tief aus und ein. Die Augen bleiben geöffnet, der Blick geht ins Leere hinter der Kerze oder hinter den Punkt, während Sie weiterhin ruhig ein- und ausatmen. Mit jedem Atemzug werden Sie ruhiger. Spüren Sie Ihren Körper. Lassen Sie den Atem kommen und gehen. Wenn Gedanken auftauchen, lassen Sie diese gleich wieder ziehen. Nicht weiterdenken, nicht festhalten. Kontrollieren Sie Ihren Atem, dann werden die Gedanken unwichtiger. Falls sich wieder ein Gedanke zu Wort meldet, verwandeln Sie ihn in eine kleine Wolke und lassen Sie ihn ziehen. Es ist nicht wichtig, wie lange Sie meditieren, tun Sie es einfach, am besten täglich. Fünf Minuten sind besser als gar nicht!

Visionär sein
Wir sind mit unseren Fähigkeiten noch lange nicht am Ende angekommen. Im Laufe eines Lebens lernen wir nicht nur dazu, sondern wir entwickeln uns ständig. Selbst das Gehirn ist zu jeder Zeit und in jedem Alter noch lernfähig. Emotional und spirituell ist unsere Entwicklung noch lange nicht abgeschlossen. Wenn ich beweglich und sportlich bleiben möchte, muss ich täglich meine Muskeln oder meine Gelenke trainieren. Wer intellektuell leistungsfähig bleiben möchte, muss sein Gehirn beweglich halten und jeden Tag etwas Neues dazulernen. Wer seine Intuition schulen will, sollte auf seine Gefühle achten und sie wahrnehmen, damit sie nicht abstumpfen. Wir alle verfügen über Fähigkeiten, die unerklärlich, subtil und weitreichend sind, und wir sollten auch diese trainieren.

Die Art und Weise, wie ich wahrnehme, zeigt nur meine eigene Realität und Wahrheit. Jeder Mensch hat eine eigene Art der Wahrnehmung, die sich mit meiner teilweise decken mag, jedoch auch weit darüber hinausgehen kann. Je nachdem, welchen Radiosender Sie gerade eingestellt haben, empfangen Sie auf einer bestimmten Frequenz. Wer eine Satellitenschüssel auf dem Dach hat, kann auch Radio Kairo empfangen. Nur weil ich diesen Sender nicht hören kann, sollte ich dessen Existenz nicht leugnen. Ähnlich verhält es sich mit unserer Wahrnehmung. Ich kann nur das empfangen, wofür ich ausgerüstet bin. Leider reicht mein Empfänger nicht dazu, die Stimmen meiner Hunde zu hören. Meine Hundeheilpraktikerin kann es und übersetzt. Was die Hunde zu sagen haben, bringt mich ganz schön ins Grübeln. Manchmal zweifle ich auch schon an den Fähigkeiten dieser Dame. »Jetzt spinnt sie vollkommen«, urteilt dann der Verstandesexperte meines inneren Teams. »Ich will das auch lernen«, widerspricht meine aufgeschlossene und neugierige Seite.

Unmögliches nicht infrage zu stellen, offen zu sein für Visionen und sich selbst als Empfänger zu sensibilisieren, ohne die Bodenhaftung zu verlieren, ist eines meiner persönlichen Ziele. Wer nicht in größeren Zusammenhängen denkt und in der Lage ist, sich auch Dinge vorzustellen, die es noch gar nicht gibt, kann nicht kreativ sein. Ohne meine Visionen, die sich einstellen, wenn ich einen langweiligen, traurigen Raum betrete, wäre ich außerstande, daraus einen inspirierenden Ort zu zaubern.

Visionär zu sein setzt die Fähigkeit voraus, sich gedanklich, emotional und spirituell zu erweitern. Grenzen nicht zur Kenntnis zu nehmen und neugierig seine eigene Entwicklung zu beobachten. Trainieren Sie doch mal Ihre »Hellsichtigkeit«. Bevor Sie den Telefonhörer abheben, fragen Sie sich selbst, wer jetzt gerade anruft. Zapfen Sie Ihre Intuition an. Wem werden Sie heute noch begegnen? Was wird Ihr Gegenüber als Nächstes sagen? Welche Farbe hat seine Unterwäsche?

5. Schritt: Inspiration

Alles, was wir brauchen, ist bereits vorhanden – Wissen, Information, Fähigkeiten und Können. Es befindet sich in uns oder um uns herum, nur haben wir es noch nicht wahrgenommen. Offen zu sein für Inspirationen bedeutet, seine Aufmerksamkeit nach außen zu richten, neugierig zu beobachten und jede neue Erfahrung zu begrüßen.

Wer von uns wünscht sich nicht »Glück«? Wer wartet nicht auf einen glücklichen Zufall oder sogar ein Wunder? Doch würden Sie es erkennen, wenn es Ihnen über den Weg läuft? Da wir in unserer Wahrnehmung so eingefahren sind, dass wir nur das erkennen, was wir kennen, ist es nötig, unsere Sinneskanäle zu öffnen und alle Eindrücke zuzulassen, falls wir Neues zulassen wollen.

Sich inspirieren zu lassen setzt Offenheit, Neugier, aufrichtiges Interesse und ständige Lernbereitschaft voraus. Nur so entsteht Wissen und Weisheit. Sind Sie offen gegenüber neuen Erfindungen? Oder weisen Sie diese gleich zurück? Sortieren Sie aus, nach dem Motto »brauche ich« oder »brauche ich nicht«? Wir haben alle diesen eingebauten »Bewertungsmechanismus«, ein Sieb, durch das alles fällt, was uns scheinbar nichts bringt. Durch dieses Sieb fallen oft auch neue Erfahrungen, weil es diese mit den gewohnten Mustern vergleicht und sagt: »nichts für mich«. Das Gehirn bevorzugt diese eingetretenen Trampelpfade und zieht Erfahrungen an, die dazu passen. Kommt ihm etwas Neues in die Quere, entsteht ein Abwehrmechanismus, den es zu überlisten gilt.

All das Wissen gehört uns nicht, wir haben es nicht »erfunden«, aber wir dürfen uns aus dem großen Topf bedienen und unsere eigenen Erkenntnisse dazulegen. Der Prozess des Lernens hängt eng mit dem des Lehrens zusammen. Es ist die andere Seite derselben Medaille. Wie nehmen und geben. Ich nehme, indem ich mir einen Lehrer suche und mich unterrichten lasse, ich schöpfe und nehme aus Büchern, bevor ich mein Wissen weitergebe, indem ich lehre. So bleibt die Energie im Fluss, und neues Wissen fließt zu mir. Wer sich aber abschottet und seine Erkenntnisse eifersüchtig hortet, schneidet sich vom natürlichen Fluss der Energien ab. Ein guter Lehrer teilt sein Wissen gerne mit seinen Schülern, und er ist stolz auf sie, wenn sie ihn übertreffen.

Bedienen Sie sich der nie versiegenden Quellen der Inspiration: Genießen Sie die Schätze der Museen, beobachten Sie die Wolken am Himmel, betrachten Sie die Ästhetik einer Industrielandschaft, lesen Sie im Schaum Ihres Badewassers. Die Inspirationen um Sie herum sind ein unendlicher Reichtum.

Durch diese äußeren Reize werden Impulse gesetzt, die innere Prozesse in Gang setzen und Ihre Suche nach Ihren Zielen unterstützen. Sie müssen nur noch Ihre Sinneskanäle öffnen, unvoreingenommen und neugierig sein.

> **Übung: Altes ausgraben**
> Stellen Sie sich vor, Sie nehmen sich eine Schaufel, gehen in den Garten und graben nach Ihren vergrabenen Träumen und Sehnsüchten. Nehmen Sie sich jeden Tag ein paar Minuten Zeit, um das, was Sie tun, sehen und erleben, zu reflektieren. Stellen Sie sich dabei die Frage: Will ich wirklich, dass sich diese Sehnsüchte verwirklichen?

Neugierig und offen sein

Sich für die Anregungen von außen zu öffnen, setzt Neugier voraus. Wenn ich meine Sinne verschließe, kann mich die Inspiration nicht erreichen. Hier können wir von Kindern lernen. Falls ihnen die Schule ihre Wissbegier nicht verdorben hat, kennt diese kaum Grenzen. Manche treiben einen mit der ständigen Warum-Frage an den Rand des Wahnsinns. »Warum hast du zwei Hunde?«, fragen mich die kleinen Nachbarskinder und gleich weiter: »Hast du auch einen Mann?« Die Fülle der Information entspricht ihrem Wissensdurst. Warum heißt der eine Hund so, der andere so, warum bekommen die Nachbarn keine Kinder mehr, und wo gehen die Hunde aufs Klo?

Wer sich nicht traut, Fragen zu stellen, bekommt auch keine Antworten. »Wie und warum funktioniert das?«, sind Fragen, mit denen Kinder der Welt auf den Grund gehen wollen, die manch einen anderen jedoch völlig kalt lassen. Welche Fragen treiben Sie an? Worauf sind Sie neugierig? Was interessiert Sie? Bestimmte Berufszweige müssen von Natur aus neugierig sein. Ohne diesen Antrieb kommen Journalisten und Psychologen nicht auf ihre Kosten, Wissenschaftler zu keinen neuen Erkenntnissen. Neugier setzt eine gesunde Mischung aus Passivität in Form des Zuhörens und Aktivität in Form des Fragens voraus.

Offen für scheinbare Zufälle sein

Kurz nachdem ich den Gedanken hatte, dass ich noch einen zusätzlichen freien Mitarbeiter brauche und dass es diesmal ein männlicher Mitarbeiter sein sollte, traf ich einen alten Bekannten wieder. Er war Designer und gerade dabei, sich selbstständig zu machen, und suchte nebenher einen Job. Dieser scheinbare Zufall war nur möglich durch das, was ich zuvor ausgesandt hatte. Ich hätte ihn auch sonst getroffen, nur hätte ich dem Treffen nicht dieselbe Bedeutung beigemessen. Für diese scheinbaren Zufälle offen zu sein bedeutet, generell offene Ohren und Augen zu haben und mit positiven Erwartungen den Menschen zu begegnen.

Wenn ich meinen Mitmenschen nur böse Absichten unterstelle, brauche ich mich nicht zu wundern, wenn ich »zufälligerweise« einem begegne, der mich ausrauben will. Die Verwirklichung selbst erfüllender Prophezeiungen sind durchaus auch als Zufälle zu sehen.

Sind Sie bisher zielgerichtet oder eher »zufällig« durch Ihr Leben gelaufen? Auch wenn es Ihnen so erscheint, als seien Sie bisher ziellos durchs Leben geschlendert, haben Sie dennoch einige »Etappenziele« bisher geschafft. Sicherlich haben Sie die Schule abgeschlossen, den Führerschein bestanden, eine Wohnung, die Sie unbedingt haben wollten, gemietet? Ist das in Ihren Augen etwa nichts? Vielleicht hapert es nicht an den Zielen, sondern an Ihrem Verständnis von Ihren persönlichen Leistungen. Vielleicht nehmen Sie sich einfach nicht so ernst und tun es ab: »Das kann doch jeder, das war doch gar nichts«. Aber wenn Sie sich und Ihre noch so banalen Ziele nicht ernst nehmen oder diese schon gar nicht als Ziele erkennen, wie wollen Sie diese dann erreichen? Wie haben Sie bisher das erreicht, was Sie erreicht haben? Nur durch »puren Zufall« oder durch Ihr Zutun?

Das mag im ersten Moment so aussehen, aber auf den zweiten Blick offenbart sich bei jedem ein ganz persönliches »System«. Ich bekam meine Jobs bisher eher »zufällig«. Als Studentin suchte ich einen Job, den ich am Wochenende machen konnte, um mein Studium nicht zu gefährden. Ich lief in Berlin über den Kurfürstendamm und sah diese großen Doppeldeckerbusse mit dem Aufdruck »Stadtrundfahrten«. Wann finden die meisten Stadtrundfahrten statt? Natürlich an den Wochenenden. Ich ging in die nächste Telefonzelle, rief bei diesen Firmen an und hatte eine Stunde später einen Vorstellungstermin. Anfangen konnte ich eine Woche danach. Also wie sieht hier der Zufall aus? Er setzt sich zusammen aus gedanklicher Präsenz des Ziels und des Willens (»ich brauche einen Job, und ich will weiter studieren«), Offenheit und Beobachtung (Stadtrundfahrtbus). Hinzu kommt der Mut zum Handeln und das Risiko zu scheitern in Kauf zu nehmen (ich rief sofort an). Welches System benutzen Sie?

Zufälle erkennt man nur dann als »glückliche Fügungen«, wenn sie einem momentan ins Konzept passen und man damit etwas anfangen kann. Als mir vor zwei Jahren mein jetziger Büroraum »zufällig« angeboten wurde, kam dieses Angebot gerade zur rechten Zeit. Ich hatte schon längere Zeit mit dem Gedanken gespielt, einen Raum dazuzumieten oder mit einer Freundin zusammen eine Bürogemeinschaft zu gründen. Letzteres hatte sich schon wieder zerschlagen. Wäre mir dieser Raum vor acht Jahren angeboten worden, als mein Geschäft noch nicht lief und ich kaum Aufträge hatte, hätte ich mit diesem »Zufall« nichts anfangen können. Zufälle muss man erstens erkennen und dann zweitens beim Schopf fassen.

> **Übung: Logik der Zufälle**
> Notieren Sie sich die scheinbaren Zufälle, denen Sie tagtäglich begegnen, in Ihr Fahrtenbuch. Entdecken Sie dahinter ein System?

Sich beflügeln lassen

Impulse lauern überall. Woher beziehen Sie Ihre Anregungen? Was inspiriert Sie? Und wobei fühlen Sie sich beflügelt? Ich mag das Wort, denn es lässt ein Bild vor meinem inneren Auge entstehen. Diesen Zustand, der mir Flügel verleiht, der mir ein Gefühl von Leichtigkeit und Beschwingtheit bringt, erlebe ich immer wieder in Seminaren und Vorträgen. Zum einen, wenn ich mich durch die vielen Fragen und Impulse meiner Zuhörer angeregt fühle, zum anderen, wenn ich als Teilnehmerin in einem Seminar neues Wissen erfahre und neuen Input erlebe. Es fühlt sich an, als hätte ich ein Glas Champagner getrunken, ohne tatsächlich beschwipst zu sein. Es ist ein erfülltes Gefühl, auf das ich nicht verzichten möchte. Gespräche mit interessanten Menschen können dieses Gefühl ebenso auslösen. Wodurch fühlen Sie sich beflügelt? Durch einen lauen Sommerabend am Meer? Im Kreise Ihrer Familie? Bei einem Gespräch mit Freunden? Egal, wo und wie Sie diese Inspiration finden, aber finden Sie sie!

Sehnsüchte sind Impulse
Oft werden Menschen von Sehnsüchten bewegt, die sie selbst kaum in Worte fassen können. Manchmal zieht einen das wie magisch an einen Ort, an dem man erst merkt, wenn man angekommen ist, dass er eine Bedeutung für einen hat. Sehnsüchte haben oft auch ihre Quellen in der Kindheit, vielleicht versteckt im Lieblingsbuch oder Lieblingsmärchen. »Der glückliche Löwe« war mein Lieblingsbuch und gesungen habe ich immer: »Als ich einmal reiste, reiste ich nach Amerika«. Wahrscheinlich wusste ich damals bereits, dass ich im Alter von elf Jahren dort zur Schule gehen würde. Mich zog es förmlich in dieses Land, und ich hatte das Gefühl, dort zuhause zu sein.

Wer seinem Ziel entgegengeht, sollte sich auf seine Impulse verlassen und sich an seine Sehnsüchte erinnern. Diese beziehen sich oft auf archetypische Landschaften wie Meer oder Berge, Wüste oder Wald. In welcher Landschaft liegt Ihr Ziel oder welcher Landschaft könnte es gleichen? Wer auf der Suche nach einem Reiseziel ist, hat so viel Informationen wie noch nie zur Verfügung. Und das macht es nicht gerade einfacher. Wir können im Internet »googeln«, in Büchern stöbern, uns Zeitschriften kaufen, Freunde fragen, Fernsehsendungen ansehen. Und wir können nach wie vor unsere eigenen Gefühle und Sehnsüchte befragen. Welches Reiseziel weckt in Ihnen ein sehnsüchtiges Gefühl und bringt Sie zum Schwärmen: »Ja, da wäre ich auch mal gern«? Wann werden Sie gefühlsmäßig in Ihrem Innern angesprochen? Wann kommt was in Bewegung? Dieses kleine, sehnsüchtige Gefühl, das sich vielleicht gar nicht traut, nach außen zu dringen? Wenn es stärker ist, ist es vielleicht Fernweh, wenn es ganz heiß brennt, kann es schon Reisefieber sein.

> **Übung: Wenn mein Ziel ...**
> Wenn mein Ziel eine Landschaft wäre, wie sähe sie aus? Wo liegt sie?
> Wenn mein Ziel ein Symbol wäre, wie sähe es aus?
> Wenn mein Ziel eine Person wäre, wie sähe diese aus? Kennen Sie sie bereits?

Jeden Tag etwas Neues lernen

Ein Sprichwort besagt, dass an man an dem Tag, an dem man etwas Neues gelernt hat, nicht sterben wird. Ich weiß nicht mehr, wo ich das gehört habe, aber ich finde die Idee schön, dass Wissen unsterblich macht. Wann haben Sie zuletzt etwas Neues erfahren, gelernt oder gelesen? Kleine Kinder lernen durch Beobachten und Imitieren. Dies ist auch Erwachsenen möglich. Schauen Sie sich an, was andere machen, wie sie es machen und eignen Sie sich diese Fähigkeiten an. Wie spricht dieser Redner? Langweilt er sein Publikum oder fesselt er es? Kommen Sie hinter das »Wie«, und Sie haben heute schon wieder etwas gelernt. Als ich meine erste Klasse Ausländer in Deutsch unterrichtete, hatte ich keine Ahnung, wie man so etwas macht. Ich habe mir nicht angemaßt, es dennoch zu wissen, sondern habe so schnell wie möglich das Wie gelernt. Meine Kollegen in den anderen Klassen waren schon länger da, und so habe ich an deren Unterricht teilgenommen. Das Beste habe ich mir abgeschaut, und das andere war als »schlechtes Beispiel« mindestens genauso wichtig. »So werde ich das sicher nie machen«, ist ein Beobachtungswert, den ich auch heute noch anwende. Von anderen Menschen lernen heißt, diese zu beobachten und ernst zu nehmen. Das ist ein Weg.

Wissen führt über Imitation, aber auch über Information. Es gibt Statistiken darüber, in welchem Maße von Minute zu Minute sich die Informationen in unserem so genannten Informationszeitalter vermehren. Wir können nicht alles »behalten«, wir können nicht alles lernen und noch viel weniger Fakten wissen. Es geht schon lange nicht mehr um das, »was« wir alles wissen sollten, sondern darum, »wie« wir dieses Wissen anwenden. Reines Abfragewissen ist vielleicht noch in Fernsehshows lukrativ. Welches Wissen Sie beflügelt und was Sie interessiert, können nur Sie alleine beantworten.

Sich inspirierende Menschen suchen
Menschen begegnen uns nicht zufällig. Sie haben meiner Ansicht nach eine Botschaft. Man erfährt diese nur, wenn die Zeit und wenn man selbst dazu reif ist. Von jedem Menschen können wir etwas lernen, auch wenn es zunächst nicht so erscheint. Wie heißt es in einem chinesischen Sprichwort: »Kein Mensch ist dein Freund, kein Mensch ist dein Feind, jeder Mensch ist dein Lehrer«. Betrachten Sie Ihre Mitmenschen doch mal als »Lehrer«. Gerade diejenigen, zu denen wir uns weniger hingezogen fühlen, halten uns oft einen Spiegel vor, sodass wir einiges über uns selbst lernen können.

Jeder Mensch kann als Helfer auf dem eigenen Weg zum Ziel angesehen werden. Und wenn er uns nur zeigt, wie man es nicht macht. Menschen beeindrucken uns tagtäglich, positiv oder negativ. Wer hat Sie zuletzt stark beeindruckt? Wie hießen die Helden Ihrer Kindheit, und welche Vorbilder besaßen Sie in Ihrer Jugend? Wollten Sie nicht mal sein wie Winnetou oder eher wie Old Shatterhand? Oder war Pippi Langstrumpf Ihre Heldin? Batman Ihr Held? Was hat Sie an diesen Kunstfiguren fasziniert? Oder hatten Sie eher real existierende Vorbilder? In jedem Fall ist ein Idol oder Vorbild eine Inspiration für das eigene Leben. Man will sein wie er, erfolgreich, mit übernatürlichen Kräften ausgestattet. Oder einfach nur schön und hinreißend aussehen. Vorbilder sind gerade für Jugendliche in der Zeit ihrer Identitätsfindung ein wichtiges Moment. Wenn Sie heute noch sein könnten wie ......, wen würden Sie dann hier einsetzen? Was fasziniert Sie an dieser Person? Sind es die charakterlichen Eigenschaften, die inneren Werte oder die Haltung wie bei Gandhi oder Albert Schweizer? Oder ist es der Lebensstil, der Glamour, der Sie fasziniert, wie bei Brad Pitt und Angelina Jolie?

Stellen Sie sich die Frage, welche Persönlichkeit Sie gern kennen lernen möchten oder wessen Biografie Sie besonders interessiert.

Sich mit einer höheren Intelligenz verbinden
In einem Buch der Sterbeforscherin Kübler-Ross hat mich die Aussage eines Menschen fasziniert, der durch den Tunnel ging, aber wieder zurück ins Leben geschickt wurde. Er kam

mit der Botschaft, dass alles, was in diesem Leben zählt, Liebe und Wissen sei. Ob erlerntes, angelesenes oder instinktives Wissen sei dahingestellt. Aber meiner Ansicht nach verbindet Wissen die Menschen untereinander und einen jeden von uns mit dem Göttlichen. Ich habe in meinen Vorlesungen die Erfahrung gemacht, dass mir Studenten Fragen stellten, auf die ich eigentlich keine Antwort wusste. Aber ich hörte mich reden und diese Frage beantworten, es war fast, als stünde ich neben mir und sagte zu mir: »Ist ja interessant, meine Liebe, erzähl mir mehr«.

Dieses Phänomen lässt sich auch mit den von Capra beschriebenen morphogenetischen Feldern erklären. Alles Wissen ist Energie und somit im »geistigen« Raum einem jeden von uns zugänglich. Wenn ich etwas nicht weiß, habe ich somit auch einen Zugriff auf das Wissen, das andere in diesen Raum hineingebracht haben. Nimmt das Wissen zu, indem sich immer mehr Menschen mit einem bestimmten Thema beschäftigen, fällt es nachfolgenden Generationen leichter, sich in dieses Thema einzuarbeiten. Ich erlebe dies seit Jahren. Als ich als eine der ersten mit Feng Shui begonnen habe, habe ich mir mein Wissen aus englischen Büchern mühsam zusammengeholt und Jahre gebraucht, ehe dieses Wissen nicht mehr abstrakt, sondern in Fleisch und Blut übergegangen war. Je mehr Seminare ich gebe, desto leichter fällt es den neuen Teilnehmern, komplexe Zusammenhänge schnell zu erfassen. Je mehr Menschen sich mit Feng Shui beschäftigen, desto leichter fällt es den Anfängern.

Nichts anderes zeigt das Experiment mit den Ratten, denen man in der einen Stadt eine Versuchsreihe vorstellt und sie die Abläufe erlernen lässt. In einer anderen Stadt, die Hunderte von Kilometern entfernt ist, wird derselbe Versuch mit ungeübten Ratten gemacht. Diese beherrschen den Ablauf bereits. Lernen unter dem Aspekt der morphogenetischen Felder betrachtet, hat neben einer lernenden auch immer noch einen lehrenden Aspekt. Ich ziehe also nicht nur einen Profit aus dem Wissen anderer, sondern ich gebe auch etwas in den großen Topf des Wissens. Ich erleichtere mit meinem Lernprozess auch das Lernen meiner Mitmenschen. Was für ein schöner Gedanke! Im Zeitalter des Internet und der Globalisierung ist der Gedanke der »Verknüpfungen« nicht mehr nur ein esoterischer. Wir sind via Internet mit Ländern und Menschen verknüpft, die wir nicht kennen und die auf anderen Erdteilen leben. Wir haben in Sekundenschnelle Zugriff auf Informationen, von denen man früher nur träumen konnte.

> **Übung: Wissen teilen und weitergeben**
> Stellen Sie eine Liste Ihres Wissens und Ihrer Fähigkeiten zusammen. Könnten Sie sich vorstellen, das weiterzugeben, zu unterrichten oder ein Referat zu halten? Wie könnte der erste Schritt in diese Richtung aussehen? Bieten Sie der Volkshochschule einen Vortrag an!

6. Schritt: Flexibilität

Leben bedeutet Veränderung, von der ersten Sekunde an bis zur letzten. Nichts ist starr oder von Dauer, alles bewegt sich und befindet sich in ständigem Wandel. Das einzig Sichere ist die Veränderung, und wer sich dagegenstellt, stellt sich gegen das Leben. Sterne verglühen, die Erde dreht sich, der Wind weht, die Pflanzen gedeihen, Meere vertrocknen, Wüsten entstehen. Das kosmische Prinzip von Yin und Yang beschreibt die Polarität von Tag und Nacht, von Ebbe und Flut, von Kommen und Gehen, von Aktion und Ruhe. Wir können den Wandel nicht aufhalten, die Zeit nicht anhalten, die Zustände nicht erhalten. Und dennoch versuchen wir ständig, uns den natürlichen Veränderungen zu widersetzen. Wir wünschen uns die guten alten Zeiten zurück oder ignorieren den Wandel.

Veränderungen akzeptieren wir gerade noch, wenn sie für uns positiv sind. Es ist so, als würde sich ein Baum ständig neue Blätter wünschen, sich aber seinem Blätterwechseln widersetzen. Neue Blätter kommen, nachdem die alten gefallen sind. Neues kann nur dann entstehen, wenn etwas Altes geht. Das Neue wird nie mehr so sein, wie das vorher, also muss ich bereit für eine Veränderung sein, wenn ich mir etwas Neues wünsche. Wie kann ich einen neuen Job annehmen, wenn ich den alten nicht kündigen will? Sie behalten ja auch nicht Ihr altes Auto, wenn Sie sich ein neues kaufen. Wer sein Ziel wirklich finden will, muss bereit sein, sich zu verändern. Er muss stabil, jedoch gleichzeitig flexibel und beweglich sein wie ein Bambus im Sturm, ohne gleich zu einem Fähnchen im Wind zu werden. Wer dagegen hart und starr ist wie ein Lattenzaun, der wird stürmischen Zeiten kaum gewachsen sein.

Den Standpunkt verändern

Ein jeder von uns nimmt die Welt aus seiner eigenen Perspektive wahr. Er ist blind für das, was er nicht sehen will, und häufig betriebsblind für die eigenen Schwächen. Wenn ich meine Kunden in ihren Räumen berate, gebe ich ihnen zunächst eine Art »Führung« durch ihr eigenes Haus. Ich erzähle ihnen, was ich sehe, sodass sie ihre eigenen vier Wände gleichsam mit meinen Augen wahrnehmen. Dadurch werden Dinge »sichtbar«, die man selbst Tag für Tag, meist unbewusst, ausblendet. Wer sieht schon noch die schief hängenden Bilder, den vergammelten Teppich oder die Gerümpelecken? Um die eigene Umgebung durch die Augen eines anderen zu sehen, gibt es einen kleinen Trick: Fotografieren Sie Ihre Räume. Machen Sie von einer Ecke aus in die Ecke gegenüber ein Foto, mit vier Aufnahmen haben Sie eine Vorstellung darüber, wie es bei Ihnen zu Hause aussieht. Was passiert durch das Fotografieren? Man geht auf Distanz zu Vertrautem, und auf dem Foto drängt sich das, was sich normalerweise in drei Dimensionen befindet, in eine. Die Sache wird »dichter« und das Chaos im Raum, das unmögliche Bild an der Wand, die hässliche Vase treten plötzlich in den Vordergrund.

Die Wahrnehmung, mit der wir unsere Umwelt betrachten, findet in unserem Kopf statt. Hier wird das Licht, das auf die Netzhaut fällt, zu Bildern umgerechnet, genauso wie das unser Computer mit den eingehenden Informationen tut. Doch was wir wahrnehmen, ist von Mensch zu Mensch unterschiedlich. Jeder betrachtet seine Umgebung durch seine eigene gefärbte »Brille« wie durch eine Art vorgesetzten Filter. Je nach Erfahrungen mag das ein Schärfefilter sein. Wenn Sie von einer Sache viel verstehen, werden Sie diese exakter beachten. Wer beruflich mit Autos zu tun hat, hat den »Autofilter« vorgeschaltet. Ich nehme alles in Bezug auf Farben und Gegenstände wahr, die andere überhaupt nicht bemerken. Wieder andere betrachten beim Gegenüber zunächst die Hände, die für andere nebensächlich sind.

Wenn sich unsere Wahrnehmung verändert, eröffnen sich neue Möglichkeiten. Falls Sie Ihre Ziele bisher noch nicht gefunden haben, könnte es daran liegen, dass Sie immer wieder das Gleiche ausfiltern und nicht »wahrnehmen«, was sich direkt vor Ihrer Nase befindet. Also verändern Sie Ihren Standpunkt! Was machen Sie im Moment? Sitzen Sie mit diesem Buch am Tisch und lesen Sie es? Dann steigen Sie doch mal auf den Stuhl und gleich weiter auf den Tisch. Und? Wie sieht die Welt von dort oben aus? Bemerken Sie den Staub auf dem Schrank, den Sie aus Ihrer normalen »Froschperspektive« nicht wahrgenommen haben? Wer sich verändern will, muss seine Perspektive verändern! Die Indianer sagen dazu: »In den Mokassins des Feindes gehen«. In dem Moment, in dem ich den Standpunkt eines anderen Menschen einnehme und mir vorstelle, wie er sich fühlt, wie er mit seiner Körpergröße die Welt wahrnimmt, nehme ich die Welt mit anderen Augen wahr und ich sehe Dinge, die mir bisher entgangen sind! Brechen Sie mit Ihren Gewohnheiten und setzen Sie sich auf einen anderen Stuhl. Wie fühlt sich der Raum jetzt an? Was sehen Sie? Stellen Sie sich auf den Kopf! Und schon sieht Ihr Raum ganz anders aus und die schief hängenden Bilder fallen Ihnen plötzlich auf.

Die eigene Sichtweise ist das Einzige, was sich wirklich ändern lässt. Und das Wunderbare am Menschen ist, dass er sich in die Situationen anderer einfühlen und auch hypothetisch andere Standpunkte einnehmen kann. Angenommen, Sie würden sich selbst durch die Augen Ihres Partners sehen, wen würden Sie dann erblicken? Angenommen, Sie betrachten Ihren nervenden Chef mit liebevollen Augen, werden seine Macken nicht gleich sympathischer? Bevor wir auf die Idee kommen, den anderen zu verändern, sollten wir die Möglichkeit in Betracht ziehen, unsere Perspektive zu ändern, das ist das einzig Machbare.

Übung: Kopfstehen
Wenn Sie auf einfache Weise Kopf stehen wollen, stellen Sie sich breitbeinig hin, senken Sie Ihren Oberkörper und Kopf und schauen Sie zwischen Ihren Beinen durch. Die Welt steht Kopf und sieht ganz anders aus! Diese Übung sorgt nicht nur dafür, dass Ihr Kopf besser durchblutet wird, sondern sie stellt auch Ihr Weltbild auf den Kopf.

Gewohnheiten durchbrechen

Der Mensch ist das, was er tut. Und wenn er jeden Tag das Gleiche wie gestern macht, dann wird sich kaum etwas in seinem Leben ändern. Falls Sie sich eine Veränderung wünschen, wäre es angebracht, mit alten Gewohnheiten zu brechen. Aber nehmen wir diese überhaupt noch wahr? Haben wir nicht Abläufe wie das tägliche Aufstehen, Duschen, Zähneputzen, Frühstücken ebenso automatisiert wie Arbeitsabläufe? Verändern Sie doch mal die Reihenfolge: Frühstücken Sie mal ungeduscht! Lassen Sie die Zeitung links liegen, und greifen Sie stattdessen zu Ihrem Krimi.

Auf der einen Seite sind unsere Gewohnheiten wie geliebte Freunde, auf die wir uns verlassen können und die dem ansonsten unsicheren Leben einen Halt geben. Auf der anderen Seite sind sie lähmend. Sie hindern uns, Veränderungen vorzunehmen, die uns aus unserer Tretmühle befreien könnten und unseren neuen Zielen Schritt für Schritt näher brächten. Bestellen Sie im Restaurant gerne Ihr Lieblingsgericht oder probieren Sie auch mal etwas Neues aus? Gehören Sie zu denjenigen, die gerne gewohnte Wege gehen, im Urlaub lieber auf den schon bewährten Ort zurückgreifen, an Ritualen festhalten und Veränderungen eher mit Skepsis begegnen? Sie fühlen sich in gewohnter Umgebung wohler und brauchen wenig Neues. Gedanklich sind sie auch eher stabil und weniger flexibel. Andere langweilen sich schnell, gehen aus Prinzip niemals den gleichen Weg zweimal und haben Angst vor Wiederholungen und Ritualen. Diese brauchen Veränderungen wie die Luft zum Atmen, und sie lieben alles Neue. Der eher statische Typ und der eher veränderliche können sich in Beziehungen ideal ergänzen. Der verlässlich statische trifft auf den abenteuerlustigen flexiblen Typen. Sie geraten zwar oft aneinander, stabilisieren und inspirieren sich jedoch gegenseitig. Der stabile Typus würde sich ohne den flexiblen zu Tode langweilen!

Wenn die Art und Weise, wie Sie leben, wie Sie Ihre Dinge tun, bisher nicht zum Erfolg geführt hat, sollten Sie Ihre Strategien ändern. Das Motto lautet hier: Tu was, aber mach' es anders! Also nichts wie raus aus den alten Gewohnheiten! Probieren Sie doch mal was anderes aus. Machen Sie jeden Tag etwas, das Sie noch nie gemacht haben. Wie wäre es mal mit einem Schokoladeneis in der Badewanne? Was wollten Sie schon immer machen? Eine Schnitzeljagd im Wald oder vom Einmeterbrett springen? Was hält Sie davon ab? Doch nur Ihre eigene Trägheit! Sie könnten beim Italiener ausnahmsweise eine andere Pizza als die übliche bestellen oder aber auch gleich Ihre ganze Ernährung umstellen! Gerade auf diesem Gebiet merkt man, wie schwierig es sein kann, alte Gewohnheiten zugunsten neuer aufzugeben. Es ist so bequem, automatisch immer dasselbe einzukaufen, zu kochen und zu essen. Von heute auf morgen die gesamte Ernährung umzustellen, Vegetarier zu werden oder keinen Alkohol mehr zu trinken kann sehr anstrengend sein. Mit einem Teil des Lebensstils ganz zu brechen, verlangt sehr viel Selbstdisziplin.

Es geht auch einfacher: Verändern Sie einfach die Art und Weise, *wie* Sie etwas tun. Trinken Sie den Tee mal ohne Zucker, putzen Sie sich die Zähne mal mit der linken Hand, gehen Sie rückwärts ins Büro. Sicherlich fällt Ihnen dazu noch Weiteres ein, sodass Sie eine Liste anlegen könnten. Sie müssen nicht gleich Ihr ganzes Leben auf den Kopf stellen, aber das, was sich eingeschlichen hat, ohne dass Sie es merkten, kann sich genauso schnell wieder aus dem Leben schleichen! »Am ersten Weihnachtsfeiertag kommen immer meine Schwiegereltern zum Essen, die kann ich doch nicht einfach ausladen!« Seltsamerweise scheinen oft andere für die Gewohnheiten verantwortlich zu sein. Die eigenen Ausreden sind: »Ich kann denen das nicht antun …«, »mein Mann ist daran gewöhnt, ich kann ihn doch nicht enttäuschen«. Sie werden niemals erfahren, was man am ersten Weihnachtsfeiertag erleben kann, wenn Sie es nicht ausprobieren. »In diesem Jahr mach' ich mal etwas anderes«, wäre Begründung genug, um mit ungeliebten Gewohnheiten zu brechen. Lassen Sie den alten Trott hinter sich, und seien Sie für neue Erfahrungen bereit. Nur so erweitert sich der Horizont, an dem vielleicht ein mögliches Ziel auftaucht.

Eingefahrene Muster verändern
Die Art und Weise, wie wir durchs Leben gehen, wie wir mit unseren Mitmenschen umgehen, auf unsere Partner reagieren, unsere Arbeit erledigen, im Konfliktfall reagieren, ist abhängig von unseren inneren Mustern. Sie basieren auf unseren Werte-

vorstellungen (»das gehört sich nicht«, »das tut man nicht«), unserer Erziehung (»das ist unhöflich«) und unseren Überzeugungen (»wer keine Bücher liest, ist dumm«). Im Prinzip sind es kultivierte Vorurteile, die wir ein Leben lang gehegt und gepflegt haben. Durch diese Muster hindurch betrachten wir die Welt und bewerten alles um uns herum.

Ob das Muster Ihres Lebens einem Pullover mit einem komplizierten Zopfmuster ähnelt oder einem einfach gestrickten, können nur Sie selbst beurteilen. Wenn wir weiterhin nach diesen Mustern handeln, wird sich unser Leben nicht verändern. Wir blockieren uns mit diesen eingefahrenen Vorurteilen und Überzeugungen, wobei wir uns selbst der Chance zur Veränderung berauben.

Also was tun? Zunächst mal müssen wir unsere eigenen Muster als solche erkennen. Auf welchen Überzeugungen basiert Ihr Leben? »Geld allein macht nicht glücklich?«, oder: »Ich werde nur geliebt, wenn ich viel arbeite«, oder: »Glück im Job, Unglück in der Liebe«? Kommen Sie Ihren eigenen Mustern dadurch auf die Spur, dass Sie sich zunächst an die Ihrer Eltern erinnern. Denn wir haben ein Großteil von ihnen übernommen, ob es uns gefällt oder nicht. Listen Sie diese auf, und fragen Sie sich, inwieweit sie auch Ihre Strickmuster sind. Erst wenn Sie Ihre Muster erkannt haben, können Sie diese bewusst »umstricken«. Aus dem Muster: »Ich muss alles selbst machen, mir hilft ja keiner«, kann ein völlig anderes werden. Aber nur, wenn Sie dieses auch wirklich verändern wollen.

Ich weiß ganz genau, dass ich mich über kurz oder lang überlaste, wenn ich andere Menschen nicht ab und zu um Hilfe bitte. Also schreibe ich auf die andere Seite der Karteikarte: »Mir hilft ja keiner«, folgenden Satz: »Ich suche mir Hilfe, sobald ich sie brauche«. Zum einen gehe ich aus meiner Opfer-Rolle (die anderen helfen mit nicht) raus in eine aktive »Täter«-Rolle (ich suche mir meine Hilfe) und übernehme die Verantwortung für mein Handeln. Denn seit wann können meine Mitmenschen meine Gedanken lesen? Wenn ich Hilfe will, muss ich sie mir holen.

Wenn beispielsweise das Muster: »Was denken jetzt die anderen von mir«, wieder auftaucht, lösen Sie es auf. Stellen Sie sich diesen Gedanken als eine Wolke am blauen Himmel vor. Geben

Sie dieser Wolke eine Form. Vielleicht sieht sie wie ein Kaninchen mit Hängeohren aus. Dann schauen Sie sich an, wie diese Form sich langsam verändert, am Himmel auflöst und schließlich ganz verschwindet. Sollte der Gedanke wieder auftreten, so erinnern Sie sich daran, dass sich diese Wolke bereits aufgelöst hat. Auf diese Art lassen sich ungewünschte Gedankenmuster »in Luft auflösen«.

Gefährliche Muster sind falsche Annahmen und seltsame Kausalitäten (»Wenn ich das tue ... passiert das und das«). Auf diese Art macht man sich beispielsweise im Unternehmen unentbehrlich, nach dem Motto: »Wenn ich das nicht erledige, tut es keiner«, wobei man sich noch heldenhaft fühlt, obwohl es sich lediglich um eine lapidare Selbstüberschätzung handelt. Denn was passiert, wenn ich heute krank werde? Ein anderer macht meinen Job. »Wenn ich nicht da bin, steht meine Familie Kopf«, behauptet die Mutter dreier Kinder und getraut sich kaum, ihren Mann mit den Kleinen am Wochenende alleine zu lassen. Ihre Enttäuschung war noch größer, als sie merkte, dass die vier wunderbar ohne sie mit dem Haushalt zurechtgekommen sind und nicht einmal die Küche neu renoviert werden musste.

»Erdachte« Wirklichkeiten haben die Tendenz, wirklich zu werden, auch wenn es Jahre dauern kann. Darum hüten Sie sich vor ständigen Befürchtungen. Der Vater eines Freundes befürchtete ständig: »Ich werde bestimmt mal überfahren.« Nun raten Sie mal, welches Ende sein Leben nahm. Wer das Schlimmste befürchtet, den wird es ereilen. Also warum nicht gleich das Beste annehmen: »Ich werde in einem eigenen Haus mit Blick auf die Berge wohnen«. Die Wirklichkeit beginnt jetzt – in Ihrem Kopf! Also löschen Sie die alten Bilder, und ersetzen Sie sie durch neue. Lassen Sie den alten Film rückwärts laufen und den neuen vorwärts. Jetzt kann sich etwas verändern!

Übung: Auf den Müll
Von welchem alten Glaubenssatz trennen Sie sich heute? Schreiben Sie ihn auf einen Zettel und verbrennen Sie ihn!

Beweglich bleiben
In den wenigsten Fällen kommt ein neuer Kunde von alleine ins Haus oder klingelt an meiner Tür. Damit dies passiert, muss ich etwas dafür tun: Werbung machen, Interviews geben, Artikel schreiben. Ich muss mich meinem Ziel nähern, damit es mir auf halber Strecke entgegenkommt. Wenn ich eine Veränderung möchte, brauche ich Beweglichkeit. Bewegung erzeugt umgekehrt auch wieder eine Veränderung. Geistige Beweglichkeit ist keine Frage des Alters. Es gibt junge Menschen, die in ihrem Denken und in ihren Überzeugungen starr und alt sind, und es gibt ältere Menschen, die einen »zeitlosen« Geist habe. Sie sind flexibel in ihrer gedanklichen Bewegung, können sich schnell auf neue Umstände einstellen und sind in der Lage, sich in andere Menschen einzufühlen. Wer unterwegs zu einem Ziel ist, braucht diese Fähigkeit und sollte sie täglich trainieren.

Was tun Sie für Ihre Beweglichkeit? Körperliche Bewegung bringt auch den Geist in Schwung, während physische Trägheit zu Stagnation führt. Gehen Sie im Zimmer auf und ab, wenn Sie ein Problem lösen wollen. Springen Sie auf einem Trampolin herum, gehen Sie im Wald spazieren. Wie von selbst »löst« sich das Problem oder es verändert sich. Wenn Sie Ihre körperliche Position verändern, verändert sich automatisch Ihre Einstellung. Und hieraus entstehen die meisten Impulse. Es passiert jedoch nichts, wenn man nur herumsitzt. Egal, wie Sie sich bewegen, ob Sie laufen, schwimmen, tanzen, Leistungssport treiben oder Ball spielen, es wird sich in Ihnen etwas bewegen. Nicht durch bewusstes Denken, denn gerade dieses wird bei den meisten Sportarten ausgeschaltet, sondern durch die Möglichkeit des Geistes, zu entspannen, können Probleme »sacken«, Ideen sich entwickeln, Lösungen auftauchen.

Was tun Sie für Ihre körperliche Fitness? Lässt diese zu wünschen übrig? Dann hätten Sie doch schon mal ein Ziel vor Augen. Sich täglich körperlich zu bewegen ist Voraussetzung dafür, dass Sie lange fit bleiben und gesund altern.

Suchen Sie sich eine Bewegungsart, die zu Ihnen passt! Dazu ist es nie zu spät. Ich treibe Yoga, mache täglich meinen Sonnengruß und habe ein Trampolin in meinem Büro stehen. Durch dieses werde ich quasi bewegt, ich stelle mich drauf und schwinge. Diese Bewegung macht mir Spaß, und ich kann mein

Pensum täglich je nach Laune dosieren. Das Alter ist kein Hinderungsgrund, seine sportlichen Ambitionen in die Tat umzusetzen. Ein Bekannter hat mit 55 Jahren mit Aikido begonnen, nach sechs Jahren hatte er schließlich den schwarzen Gürtel. Es ist immer eine Frage der Motivation und diese ist zum einen von der Einsicht abhängig, dass etwas geschehen muss und es so nicht weitergehen kann, und auf der anderen Seite spielt der Faktor Spaß eine wichtige Rolle. Also probieren Sie verschiedene Aktivitäten aus. Wollten Sie nicht schon immer wie die Musketiere fechten können? Warum nicht? Falls Sie mit 40 Jahren noch Primaballerina werden wollen, ist es ein bisschen spät. Aber wie wäre es mit einem Tangokurs oder orientalischem Tanz? Auch der ist in jedem Alter erlernbar. Sie werden erleben, dass Ihre geistige Beweglichkeit zunimmt, wenn Sie Ihren Körper trainieren. Sie werden sich besser, gesünder und flexibler fühlen und weniger Angst vor Veränderungen haben.

Aufgabe: Runter von der Couch!
Suchen Sie sich eine Sport- oder Bewegungsart, die Sie in Ihr Leben integrieren können. Machen Sie diese nicht alleine, suchen Sie sich eine Gruppe oder einen Lehrer!

Realistisches positives Denken

Gedanken haben die Tendenz, sich zu verwirklichen. Ebenso wie Wünsche wollen sie Realität werden. Wünsche sind Energien, die auf ein Thema fokussiert sind. Je nachdem, ob Raum und Zeit zusammenpassen, wird der Wunsch sich erfüllen. Eine meiner Freundinnen verkündete am Anfang des neuen Jahres: »Ich werde dieses Jahr heiraten.« Obwohl noch kein Kandidat in Sicht war, hatte sie dieses Ziel im Herbst erreicht. Aber sprechen Sie Ihre Wünsche nur aus, wenn Sie sie auch wirklich wollen.

Die Macht der Gedanken als eine Energieform ist hinreichend bekannt. Auch dass diese positiv und in der Gegenwart formuliert werden sollen, damit Sie vom Unterbewusstsein verarbeitet werden können. Ich habe nichts gegen positives Denken, solange es im Rahmen der Wirklichkeit bleibt. Es wird nur dann gefährlich, wenn ich mithilfe meiner Gedanken die Gesetze der Physik aufheben möchte. Ich kann noch so oft denken: »Ich kann fliegen wie ein Vogel«, ohne diese Fähigkeit jemals zu erlangen. Frustrationen sind die Folge. Positives Denken heißt meiner Ansicht nach, der Realität in die Augen zu sehen und sich diese nicht schönzureden. Die Autosuggestion: »Ich bin reich« bringt keine Resultate bei überzogenem Konto und finanziellen Problemen. Der erste Schritt zur Problemlösung besteht darin, die Realität zur Kenntnis zu nehmen und zu akzeptieren, dass es ist, wie es ist (»Ich bin pleite«). Der nächste Schritt kann darin bestehen, dass ich zur Bank gehe und die Angelegenheit regle, wobei die Autosuggestion: »Meine finanzielle Situation kommt in Ordnung«, unterstützend wirken kann. Realistisches Denken heißt, verfahrene Situationen nicht zu beschönigen, nicht die Augen zu verschließen und sich illusionäre Vorstellungen zu machen. Sich aber auch eine positive Grundhaltung bewahren und handlungsorientiert zu sein: »Ich bin zwar momentan pleite, aber ich finde eine Lösung«.

»Ich werde sicher im Graben landen« als Haltung beim Motorradfahren endet vermutlich genau dort. Also hüten Sie sich vor sich selbst erfüllenden Prophezeiungen und kultivieren Sie eine positive Grundhaltung. »Ich weiß zwar nicht wann, aber ich werde mein Ziel finden und es auch erreichen«, ist ein Glaubenssatz, mit dem man jeden Morgen den Tag starten könnte. Zweifel sind wie Minenfelder, die überall lauern und alles zerstören können. Sollten Sie von Zweifeln geplagt sein, stellen Sie sich diese als ein Tier vor, das Sie immer, wenn es auftaucht, wieder in seinen Käfig sperren, anleinen oder unter den Tisch verbannen können. Unsere Möglichkeiten sind unbegrenzt. Und der Glaube an diese Grenzenlosigkeit setzt ungeheure Energien frei.

> **Übung: Negative Gedanken zerknüllen**
> Wenn Sie mal wieder das Schlimmste befürchten oder negativ denken, stoppen Sie den Gedanken (beispielsweise: »Der Kerl ruft wieder nicht an«). Fangen Sie ihn mit folgendem Satz ein: »Da bist du ja schon wieder, jetzt habe ich dich!« Schreiben Sie den Gedanken auf ein großes Blatt Papier und zerknüllen Sie es. Legen Sie es ganz bewusst in Ihren Papierkorb. Falls der Gedanke wieder auftauchen sollte, wissen Sie:

Ich brauche den nicht weiterdenken, der liegt doch zerknüllt in meinem Papierkorb. Verfahren Sie mit anderen Gedanken genauso, falls Sie diese loswerden wollen.

Übertriebene Erwartungen runterschrauben

Flexibel zu sein bedeutet auch, dass wir uns nicht von unseren eigenen Erwartungen begrenzen lassen. Denn in Erwartungen steckt das Wort »warten«. Wir müssen zum Warten bereit sein, wenn wir Erwartungen haben. Und das Warten ist immer ein passiver Vorgang.

Ich erwarte vom anderen, dass er mir hilft, ich erwarte von meinem Partner, dass er mich glücklich macht, ich erwarte von meinem Chef, dass er mich wertschätzt. Zum einen sind diese Beispiele alle vollkommen unkonkret. Was bedeutet schon Glück? Wie soll mir der andere helfen? Was verstehe ich unter Wertschätzung?

Und zum anderen sind Erwartungen immer an unsere Umwelt gekoppelt und bringen uns selbst in eine passive Rolle. Ich erwarte, dass mir das Ziel auf einem goldenen Tablett serviert wird, anstatt es mir zu holen. Wer vom anderen erwartet, glücklich gemacht zu werden, sollte sich zunächst mit dem Thema auseinandersetzen, wie er sich selbst oder den anderen glücklich machen könnte.

Ich erwarte von meinem Partner, dass er sich mehr um mich kümmert. Vielleicht sage ich ihm das auch noch, aber was tut er? Er wäscht mir am nächsten Abend mein Auto. Dies ist seine Auffassung, wie er sich besser um mich kümmert. Denn das Wie habe ich ihm ja nicht mitgeteilt. Eng verwandt mit den Erwartungen sind die Enttäuschungen. Sie wohnen sozusagen Tür an Tür. Wenn ich etwas erwarte, beispielsweise dass mein Liebster mir die Wünsche von den Augen abliest, und er das nicht tut, bin ich enttäuscht. Hier ist die Enttäuschung aufgrund völlig überzogener Erwartungen vorprogrammiert.

Immer, wenn wir in der Erwartungshaltung sind, befinden wir uns nicht im Hier und Jetzt. Geht es uns momentan nicht gut? Haben wir nicht alles, was wir brauchen? Erwartungen sind innere Bilder eines anderen Zustands. Ich erwarte im Urlaub schönes Wetter, blauen Himmel und Sonnenschein. Wenn dieses Wetter von den Bildern im Prospekt abweicht, die ich schon zu meinen inneren Bildern gemacht habe, folgt die Enttäuschung. Was nichts anderes bedeutet, als dass ich mich selbst getäuscht habe. Enttäuscht zu werden heißt also, einer Selbsttäuschung aufgesessen zu haben. Ein Ziel könnte darin bestehen, dass wir uns unsere Erwartungen zunächst einmal selbst erfüllen. Dann täuschen wir uns auch nicht mehr selbst. Zum anderen könnten wir die Erwartungen, wenn wir sie auch nicht ganz aufgeben, wenigstens herunterschrauben. Am wenigsten können wir allerdings enttäuscht werden, wenn wir überhaupt nichts mehr erwarten.

Übung: Erwartungssammlung
Vervollständigen Sie diese Liste:
Von meinem Partner erwarte ich:

___

Damit ich nicht länger mit diesen Erwartungen warte, könnte ich Folgendes tun:

___

Von X erwarte ich:

___

Damit ich nicht länger mit diesen Erwartungen warte, könnte ich Folgendes tun:

___

7. Schritt: Gelassenheit

Bei allem, was uns wichtig ist im Leben, und unsere Ziel gehören dazu, zahlt sich Gelassenheit aus. Eine innere Haltung sich selbst und der Umwelt gegenüber, die aufmerksam ist, aber nicht in unüberlegte Aktion umschlägt. Es ist oft weitaus schwerer, nichts zu unternehmen, als irgendwas zu tun. Aber gerade in Situationen, die wir nicht im Griff haben, sollten wir zuerst ruhig werden und lieber abwarten. Was nützt es uns, im

Stau zu hupen? Geht es deswegen auch nur einen Meter weiter? Dann kann ich auf den Vordermann noch so dicht auffahren – an der Situation wird er nichts ändern können. Gelassen zu handeln bedeutet nicht, nichts zu tun, sondern in Situationen, in denen es nichts zu tun gibt, abzuwarten. Geduld zu haben, vor allem mit sich selbst. Im Taoismus wird diese Fähigkeit »wu wei« genannt, was übersetzt so viel bedeutet wie »Handeln durch Nichthandeln«. Denn auch wenn wir nichts tun, dreht sich die Welt weiter.

Gelassen zu sein bedeutet nicht, dass mir alles egal ist und ich auf eine lockere Weise schludrig mit allem umgehe. Gelassenheit ist eine innere Haltung: großer Präsenz, in der man aufmerksam die Straße beobachtet, auf der man fährt, ohne verbissen hinter dem Lenkrad zu sitzen und hinter jeder Kurve eine Gefahr zu vermuten. Die Achtsamkeit und Präsenz resultiert aus meiner ruhigen Aufmerksamkeit den Geschehnissen gegenüber. Ich beobachte, was um mich herum passiert, ohne mich gleich aufzuregen und einzumischen. Im Gegensatz zu einem verbissenen »Ich will unbedingt ...« ist Gelassenheit eher mit der inneren Haltung: »Ich bin sicher, dass ich mein Ziel erreiche«, zu beschreiben. Diese innere Leichtigkeit grenzt fast an Absichtslosigkeit. Wenn ich dieses Ziel nicht erreiche, wenn diese Straße für mich gesperrt ist, wird mich das Schicksal in eine andere Richtung lenken. In jedem Fall werde ich an meinem Ziel ankommen.

Diese Haltung lässt sich tagtäglich trainieren, indem ich mir einige Regeln bewusst mache: Ich lasse mich nicht mehr von meinen eigenen inneren Boykotteuren kontrollieren, ich vertraue, dass alles so wird, wie es gut für mich ist. Ich kümmere mich vor allem um mich selbst und um meine Probleme. Dadurch kann ich auch meinen Mitmenschen mehr geben, als wenn ich mich ungefragt in deren Probleme einmische. Ich entlasse diejenigen Menschen aus meinem Leben, die mir nicht guttun, ebenso wie alles Alte, das mich bis jetzt blockiert hat. Erst wenn sich mein Ballast reduziert hat, kann mein Leben leichter und mein Blick klarer werden!

Übung: Raus aus der Perfektion
Leisten Sie sich heute an Ihrem Feierabend bewusst einen Fehler (aber bitte keinem schaden!). Merken Sie, wie schwer das ist? Oder verzichten Sie ganz darauf, etwas Bestimmtes zu tun (wer braucht schon gebügelte Handtücher?). Es reicht aber auch, wenn Sie ausnahmsweise etwas nur halb so perfekt machen wie sonst (es muss ja nicht immer ein Drei-Gänge-Menü sein, wie wäre es mit Spaghetti Napoli?).

Der Schöpfung vertrauen

Alles, was ich brauche, ist bereits in mir. Alles, was ich zum Leben benötige, wird mir gegeben. Ich werde immer so viel Geld haben, wie ich brauche. Dies zu glauben bedeutet, an die Fülle der Schöpfung zu glauben und keine Angst vor einem möglichen Mangel zu haben. Wer trotz finanziellem Reichtum Angst hat, zu verarmen, der läuft große Gefahr, alles zu verlieren. Die Angst ist eine Energie, die genau das anzieht, wovor man sich fürchtet. Also entscheiden Sie sich gegen Ihre Angst und für das Vertrauen.

Vertrauen zu haben bedeutet auch, zu wissen, dass die Dinge dann geschehen, wenn Zeit und Ort übereinstimmen. Falls ich gerade keinen Auftrag habe, bin ich eben gerade nicht am richtigen Ort oder nicht zur richtigen Zeit an diesem Ort. Wenn ich mich aber im Fluss der Energien befinde, wird sich alles zu meinem Besten fügen. Als ich zum Designstudium zugelassen wurde, hatte ich keine Ahnung, wie ich dieses Zweitstudium finanzieren kann. Ich suchte einen Job, den ich nebenher, in diesem Fall abends oder an den Wochenenden machen konnte und bewarb mich als Dozentin an einer Volkshochschule, die Kurse in den Abendstunden anbot. Wenige Tage danach kam ein Brief zurück: »Sehr geehrter Herr Maier, leider müssen wir Ihnen mitteilen, dass wir keine Dozenten im Fachgebiet Französisch benötigen ...«. Offenbar waren die Briefe vertauscht worden. Ich rief also bei der VHS an und ließ mich gleich mit dem Leiter verbinden. Ich bedankte mich bei ihm für die Post an Herrn Maier, und fragte ihn, welchen Inhalt der Brief enthält, den Herr Maier jetzt gerade in seinen Händen hält. Er war sichtlich überrascht und wusste darauf keine Antwort, aber ich bot ihm an, doch gleich mal vorbeizukommen, er könne ja bis dann die Kopie des Briefes raussuchen. Als ich eine Stunde später bei ihm im Büro erschien, wusste er zwar immer noch nicht, wie die Antwort war, dafür unterhielten wir uns über mein Studium, stellten fest, dass wir beim gleichen Professor studiert hatten. In diesem Moment trat der Leiter der Abteilung »Deutsch für Ausländer« in den Raum und jammerte, dass die Kurse voll wären und sie nicht wüssten, wo sie so viele Interessenten unterbringen könnten. »Hier habe ich Frau Pohle für Sie«, stellte er mich vor. »An wie viel Abenden können Sie?« Ich konnte an fünf. Und so bekam ich fünf Lehraufträge, die mich während der ersten Jahre meines Studiums wunderbar ernährten.

Was auch immer für glückliche Zufälle passieren, sie unterliegen dem Gesetz von Ursache und Wirkung. Ich kann nichts ernten, wenn ich im Frühjahr nichts gesät habe. Ich kann keinen Job erwarten, wenn ich mich nicht beworben und vorher die nötigen Qualifikationen erworben habe. Ohne vorher aktiv geworden zu sein, geschieht nichts. Diejenigen, die glauben, dass ihnen alles zusteht, ohne dass sie dafür etwas tun müssen, haben die einfachsten Gesetze nicht begriffen.

Was uns geschieht, können wir uns nicht aussuchen. Neben den glücklichen Ereignissen gibt es Zeiten des Stillstands und auch der Unruhe. Zeiten von Krankheit und auch Zeiten von Unglück. Ob man ein Ereignis als Unglück definiert oder schlicht als Tatsache hängt von der Größe des Unglücks und der individuellen Einstellung ab. Wenn man glaubt, den Mann fürs Leben oder wenigstens für die nächsten Wochen des Lebens kennen gelernt zu haben und dieser sich dann gar nicht für einen interessiert, mag man das als Unglück ansehen. Aber wie viel größer hätte das Unglück werden können, wenn aus dieser Begegnung eine Beziehung und dann nach Jahren eine Trennung geworden wäre? Es hat eben nicht sollen sein, oder wie meine Großmutter zu sagen pflegte: »Ein Unglück verhindert ein immer noch Größeres«. Also am besten abhaken und sich auf das, was noch kommt, freuen. Denn es kommt immer etwas Besseres nach!

Die Überzeugung, dass sich, was immer passiert, irgendwann zum Guten wenden wird, ist in allen Fällen hilfreich. Auch Pechsträhnen finden ein Ende. Auf Regen folgt Sonnenschein, und auf Ebbe die Flut. Das sind Naturgesetze, auf die man sich verlassen kann. Was wollen Sie gegen die Ebbe unternehmen? Also nutzen Sie die Zeit der Ebbe für Ihre Fortbildung, Ihr Wachstum, ruhige Spaziergänge oder wofür auch immer, und bereiten Sie sich auf die Zeiten der Flut vor. Die innere Ruhe, auch mal Situationen abzuwarten, die Offenheit der Sinne, gepaart mit der Bereitschaft zu handeln, bringt ein gewisses Quantum an Gelassenheit in Ihr Leben.

Akzeptieren, was man nicht ändern kann
Angenommen, es würde heute regnen und Sie würden sich den ganzen Tag über das Wetter beklagen und sich lieber Sonne wünschen. Was würde sich verändern? Nichts! Außer dass Sie das schlechte Wetter noch mit schlechter Laune anreichern. Was wir nicht haben wollen, wogegen wir täglich kämpfen, bindet unsere Energien und macht uns unfrei. Was bringt es uns, an Dingen herumzuschrauben, die wir sowieso nicht ändern können? Wie viel Energie verschwenden wir damit, andere Menschen verändern zu wollen? Sie könnten genauso gut Ihrem Wellensittich Klavier spielen beibringen wollen, es wird nicht gehen!

Energetisch verstärkt sich das, was man nicht haben oder »weghaben« will. »Ich will, dass er aufhört, mir hinterherzutelefonieren«, ist in zweierlei Hinsicht nicht machbar. Zum einen mischt man sich ins Leben des anderen. Was immer er tut, ist seine Sache. Zum anderen will man, dass etwas aufhört, obwohl man ständig daran denkt. Wenn ich einen Gedanken dadurch »füttere«, dass ich permanent an ihn denke, kann er nicht kleiner werden. Er wird sich verdichten und wachsen. Wir konzentrieren uns oft auf das, was nicht geht, wodurch unsere Energien verpuffen. Ich kann mich noch so sehr anstrengen, ich kann noch so viel an meinem Partner herummeckern, er wird sich kein Stück ändern!

Etwas nicht zu akzeptieren und dagegen anzukämpfen verstärkt den Widerstand. Wenn ich die Grippe habe, kann ich sie in dem Moment bekämpfen, in dem ich sie ernst und zur Kenntnis genommen habe. »Ja, ich habe die Grippe und tue jetzt etwas dagegen«, wird Heilung bringen. Die Ignoranz jedoch: »Ich will keine Grippe, also habe ich auch keine«, bringt Ihren Heilungsprozess keinen Schritt weiter. Genauso wenig wie ich einen Ort, mit dem ich beispielsweise eine schlechte Erinnerung verbinde, einfach von der Landkarte verbannen kann. Ich kann mich aber selbst entscheiden, ob ich da nochmals wieder hinfahre oder die Gegend weiträumig umfahre. Aber ausradieren lässt sich der Ort nicht.

Sie kennen sicherlich auch diejenigen Wünsche, die immer und immer wieder darum kreisen, ein Geschehnis ungeschehen zu machen. »Ich wünschte, er wäre mir nie begegnet, ... ich wäre an diesem Abend zu Hause geblieben ...« ist faktisch unmöglich. Was passiert ist, ist passiert. Wir können zwar versuchen, den Rückwärtsgang einzulegen und die Strecke zurückzufahren, das ändert aber nichts daran, dass wir den Weg schon mal gefahren sind. Finden Sie sich mit der Tatsache ab, dass Sie niemals etwas ungeschehen machen können. Es gibt weder ein Lösungsmittel, das mir diese Ereignisse aus dem Kopf herausputzt noch eine »Löschen-Taste«.

Es gibt Personen, die ständig an allem herumnörgeln, und genau zu wissen scheinen, was sie nicht haben wollen. Diese Typen vermitteln, oft nur vordergründig, den Eindruck, genau zu wissen, was sie wollen. Der Schein trügt, sie sind meist sehr unsicher, beschränken sich künstlich und lenken ihre Aufmerksamkeit immer nur auf das »Nicht-Haben-Wollen«. Das Ziel ist hier, etwas, das man hat, weghaben, auslöschen zu wollen. Und da wird es richtig problematisch. Wie soll das gehen? Wer will Ihnen Ihre Probleme nehmen? Wer will schon Ihre Krankheiten haben. Wohin sollen sie verschwinden? Fragen Sie sich doch einmal, was Sie gerne stattdessen hätten, und formulieren Sie es positiv. Was wollen Sie wirklich, wenn Sie sagen: »Ich will, dass er aufhört, mich anzurufen«? Eigentlich möchten Sie nur Ihre Ruhe haben. Formulieren Sie Ihren Satz nun um: »Ich will, dass es mich nicht mehr nervt, wenn er anruft«, oder: »Es ist mir egal, wenn er anruft«. In dem Moment, in dem es Ihnen wirklich egal ist, wir er auch aufhören, Sie anzurufen.

Was immer Sie sich wünschen, es muss positiv sein. Wenn Sie den Fokus auf das »weg« richten, funktioniert das wie »her«. »Ich will keinen Streit« kommt im Unterbewusstsein genauso an wie: »Ich will Streit«. Wandeln Sie Ihren Wunsch in etwas um, das Sie persönlich in der Hand haben und kontrollieren können. Wie wäre es mit: »Ich bin ganz friedlich«. Das können Sie selbst kontrollieren und wer soll sich denn noch mit Ihnen streiten, wenn Sie sich entsprechend verhalten?

Nett zu sich selbst sein
Um der Vorstellung von den eigenen Zielen näherzukommen, ist neben der Selbstreflexion vor allen eine positive Einstellung sich selbst gegenüber notwendig. Und wie immer genügt die Einstellung nicht, wenn ihr nicht eine entsprechende Handlung folgt. Wie wichtig sind Sie sich inzwischen? Ich hoffe doch, wichtiger als zu Beginn des Buches!

Eine veränderte Einstellung zu sich selbst kann sich bereits am Morgen ausdrücken. Begrüßen Sie Ihr Spiegelbild freundlich, während Sie daran denken, dass Sie nie besser aussehen und jünger werden als gerade jetzt! Schreiben Sie »Guten Morgen, meine Schöne« auf Ihren Badezimmerspiegel. Pflegen Sie Ihren Körper mehr als Ihr Haus und halten Sie ihn geschmeidig! Sich Gutes zu gönnen, ist eine Form der eigenen Wertschätzung.

Lernen Sie sich und Ihre Bedürfnisse kennen. Was ist Ihr Lieblingsort? Wo würden Sie unterwegs gerne anhalten? Sehnen Sie sich nach einem Kaffee oder nach einer schönen Aussicht? In dem Moment, in dem Sie sich kennen und lieben gelernt haben, werden Sie sich selbst näherkommen und Ihre eigene Gesellschaft schätzen lernen. Ich bin gerne mit mir selbst auf Reisen. Ich amüsiere mich auch mit mir alleine, kann es genießen alleine Essen zu gehen und mich an Sehenswürdigkeiten erfreuen. Es ist schön, Erfahrungen mit anderen zu teilen, aber es ist ein wundervolles Erlebnis, sich alleine erfreuen zu können. Kultivieren oder trainieren Sie diese Fähigkeit und denken Sie daran: Sie sind das Beste, das Sie haben!

Nett zu sich selbst zu sein heißt, weniger Perfektion zu erwarten, auch mal fünf gerade sein lassen und sich selbst gegenüber nachsichtiger zu sein. Nehmen Sie den anderen ihre Fehler genauso übel, wie Sie es bei sich selbst tun? Oder reagieren Sie großzügiger? Verzeihen Sie Ihren Mitmenschen auch mal einen schlechten Tag? Gehen Sie mit sich hart ins Gericht? Dann vergessen Sie nicht: Sie sind Ihre beste Freundin! Also behandeln Sie sich in Zukunft freundlich. Vertrauen Sie sich und trauen Sie sich etwas zu. Tun Sie mehr und denken Sie weniger, dann bleibt kein Platz für Selbstzweifel. Sie können sich besser motivieren und am Laufen halten, wenn Sie vom Erfolg Ihres Handelns überzeugt sind. Wie soll das Ziel sich auf Sie freuen, wenn Sie nicht von ihm überzeugt sind?

Als ich meine Doktorarbeit schrieb und immer wieder einen »Hänger« hatte, erzählte ich meinem damaligen Mann davon, in der Hoffnung, dass er mich aufbaut. Er reagierte folgendermaßen: »Ich verstehe nicht, warum du dir das antust! Lass es doch einfach sein«. Wäre ich weniger motiviert und noch deprimierter gewesen, hätte ich seinen Rat vielleicht sogar befolgt. Aber seine Reaktion machte mich stutzig. Wie kommt es, dass der mich liebende Mensch meine Ziele nicht unterstützt und diese eher noch boykottiert? Ich konnte also nicht mit seiner Unterstützung rechnen, so viel wurde mir klar. Also ging ich alleine durch meine »Schaffenskrise«, aber ich gab nicht auf! »Jetzt erst recht« als Gegenreaktion kann ein neuer Motivationsschub sein. Die »Hänger« braucht man, um zu lernen, dass man auch da rauskommt und dass sie einfach zu diesem Prozess dazugehören.

Selbstzweifel sollten nicht verdrängt werden, denn sie werden sich immer wieder melden. Aber sorgen Sie dafür, dass Ihre positive Grundstimmung nicht verloren geht. Falls Sie mal einen Tag haben, an dem Sie alles schwarzsehen, behalten Sie das für sich. Kaum erzählen Sie Ihre Zweifel einer (vielleicht etwas neidischen) Freundin, so wird diese Sie vielleicht darin bestätigen.

Übung: Sich selbst etwas Gutes tun
Was tut Ihnen gut? Drei Wochen Urlaub auf den Seychellen? Wem würde das nicht guttun! Aber bevor Sie weiter nur träumen, erinnern Sie sich an mindestens drei Aktivitäten, bei denen es Ihnen richtig gut geht und die Sie jetzt gleich und jederzeit machen können.

Wie wäre es mit Schokoladenpudding und Ihrem Lieblingsfilm? Ein Telefonat mit einem Menschen, der Ihnen guttut? Ein Spaziergang in Ihrem Lieblingswald?

Wenn Sie sich heute noch nichts Gutes getan haben, dann wird es höchste Zeit, das nachzuholen! Gönnen Sie sich ein entspannendes Bad, einen Abend im Kino, gehen Sie mal wieder Essen oder genehmigen Sie sich ein schönes Glas Wein. Was auch immer Sie tun, tun Sie es für sich!

- Es ist alles bereits vorhanden. Wir haben alles in uns. Stellen Sie sich einen Marmorblock vor: Die Skulptur ist bereits da, in ihm drin, Sie brauchen nur noch den überflüssigen Stein wegzuklopfen.
- Wenn die Zeit noch nicht reif ist, ist die Anstrengung reine Kraftverschwendung.
- Manches muss man erst einmal gehabt haben, um zu wissen, dass man es nicht mehr braucht.
- Wir konzentrieren uns oft auf das, was nicht geht, dort haben wir keine Energien.
- Achten Sie auf Ihre inneren Impulse.
- Überprüfen Sie Ihre Glaubenssätze und kreieren Sie neue.
- Erfolgreiche Menschen müssen nicht jede Erfahrung selbst machen, sondern sind in der Lage, von den Erfahrungen anderer zu profitieren.
- Wissen alleine reicht nicht, nur das Handeln bringt Ergebnisse hervor.
- Was der Mensch für unmöglich und unerreichbar hält, kann er auch nicht erreichen.
- Geist und Körper stehen miteinander in Verbindung. Ein schlaffer Körper kann keinen inspirierenden Geist erzeugen.
- Ein Ziel ist ein Auftrag, den man sich selbst erteilt.
- Der Sinn des Lebens besteht darin, es zu leben und uns selbst weiterzuentwickeln. Wir sind nicht auf der Welt, um uns still in eine Ecke zu setzen und untätig zu sein.
- Jeder Mensch hat die Stärke, die er braucht, um sein Leben zu meistern.
- Der erste Schritt zur Veränderung ist der, dass man den momentanen Zustand akzeptiert.
- Es fließt mehr Geld, wenn die Dinge unter Druck geraten.
- Ein Meister ist jemand, der vor Ihnen angefangen hat.
- Ihnen wird geholfen, wenn Sie Hilfe suchen.
- Je mehr Kraft ich in mein Ziel gebe, desto schneller kommt es auf mich zu.
- Alle Macht kommt aus unserem Inneren. Wir sind frei, uns gegen oder für etwas zu entscheiden.
- Erfolgreich ist der, der das gut macht, was er gerne tut.

4. »Die Route wird berechnet« oder: Welcher Weg führt zu mir?

Barcelona oder Richtung Süden? Haben Sie ein ganz bestimmtes Ziel oder fahren Sie einfach nur ins Blaue? Ein Reiseziel ist auch immer mit einer Absicht verknüpft: Ich fahre nach Barcelona, um mir die Bauten des spanischen Künstlers Gaudi anzusehen. Dafür nehme ich eine lange Autofahrt oder einen teuren Flug in Kauf, und ich investiere in meine Urlaubskasse. Nach einer Woche werde ich zwar kaum erholt, dafür inspiriert und voller neuer Ideen zurückkommen. Davon profitieren auch meine Kunden. Mein Partner profitiert inzwischen zuhause dadurch, dass ich ihn mal eine Woche in Ruhe lasse. An die Fahrt ins Blaue knüpfe ich andere Absichten: Sie soll mir überraschende Momente und neue Eindrücke bieten. Ich muss mich unterwegs immer wieder spontan entscheiden, wohin die Fahrt geht, dafür erhoffe ich mir neue Eindrücke und unbekannte Orte. Meine Mitreisenden können genauso täglich ihre Ideen einbringen, und wir werden gemeinsam neue Erfahrungen machen. Dafür opfere ich einen Teil meines Urlaubs und verzichte auf eine strukturierte Zeit. Die Reise in den Süden ist eine Flucht vor dem Novemberregen. Ich will einfach nur wärmere Temperaturen und Sonne tanken. Dadurch wird sich meine Laune hoffentlich bald wieder etwas bessern und auch meine Mitmenschen werden davon profitieren.

Sind Sie Ihrer Vorstellung eines möglichen Zieles schon nähergekommen? Ich nehme an, Sie haben inzwischen mithilfe der Techniken im vorangegangenen Kapitel mindestens eines Ihrer Ziele gefunden, das Sie verfolgen wollen. Dann bleibt Ihnen eigentlich nur noch, dieses Ziel in Ihr GPS einzugeben, damit der Weg berechnet werden kann. Ob Reise- oder Lebensziele, wir können unserem GPS vertrauen. Wir haben genau das »eingebaut«, was es erst seit kurzem in unseren Autos gibt – ein Navigationssystem. Stellen Sie sich vor, wir hätten in uns alle

Informationen, alle Ziele, das gesamte Kartenmaterial gespeichert, das unser Leben betrifft. Wir hätten bereits alle Informationen, alle Antworten auf die Fragen, die wir jemals stellen würden, in uns. Wie würde sich das anfühlen? Wir könnten doch sicher und ohne Angst leben. Unser inneres Navigationssystem funktioniert genauso. Es ist schon alles da, wir sind mit allem verbunden und bekommen alle Informationen, die wir brauchen. Der Zugang dazu scheint nur manchmal etwas unterbrochen, jemand steht auf der Leitung oder wir befinden uns in einem »Funkloch«. Die Kompetenzen, die wir brauchen, um an unsere Informationen wieder heranzukommen, haben wir im vorigen Kapitel wieder belebt und trainiert. Danach brauchen wir nur noch unsere Ziele einzugeben und unserem eigenen Navigationssystem zu vertrauen.

Übung: Mögliche Ziele
In welcher Richtung wollen Sie Ihr Leben fortsetzen? Wohin soll Ihr spiritueller, gesellschaftlicher, individueller Weg führen? Kreuzen Sie doch mal spaßeshalber unten den einen oder auch mehrere Punkte an. Was davon könnte Ihr Ziel sein?
O Ein erfülltes, glückliches Leben
O Unabhängigkeit
O Berufliche Selbstständigkeit
O Reich sein
O Ein Haus am Meer
O Ein eigener Hund
O Jeden Morgen früh aufstehen
O Mehr Zeit
O Sport vor dem Frühstück

Ihre Wünsche mögen noch ganz unverbindlich sein. Aber wenn daraus konkrete Ziele erwachsen, so ziehen diese Folgen nach sich und fordern Opfer. Wer sich einen Hund anschafft, muss auch bereit sein, früh aufzustehen und bei jedem Wetter rauszugehen. Wer mehr Freizeit möchte, muss zusehen, dass er von den 24 Stunden täglich auf etwas verzichtet, was er bisher getan hat.

Der Ziel-Check

Wie ein Flugzeug, dessen Funktionen vor dem Start mithilfe einer Checkliste geprüft wird, sollten Sie auch Ihre Ziele checken. Ich muss mir unbedingt sicher sein, dass es mein eigenes selbstgewähltes Ziel ist, mein eigener, freier Wille und keine Nötigung von außen. Will ich wirklich abnehmen oder will ich es nur, weil ich denke, dass mein Partner auf dünne Frauen steht? Bin ich manipuliert oder unter Druck gesetzt? Was nicht wirklich meinem eigenen Willen entspringt, hat wenig Chancen, auch längerfristig in die Tat umgesetzt zu werden. Egal, ob ein es sich um ein nahe liegendes Ziel oder ein langfristiges handelt, vorher sollten folgende Fragen geklärt sein:
1. Was ist mein konkretes Ziel?
2. Was bringt es mir?
3. Was bringt es den anderen?
4. Was opfere ich dafür?
5. Ist mein Ziel auch erreichbar?
6. Ist es wirklich mein Ziel?
7. Wie sieht der erste Schritt aus?

1. Was ist mein konkretes Ziel?

Wenn ich mein Ziel in mein Navigationssystem eingebe, muss es konkret feststehen. »Irgendwohin, wo's schön ist« wird als Ziel ebenso wenig akzeptiert wie: »So in Richtung Skandinavien«. Je genauer ich das Ziel eingebe, den Ort und noch dazu die Straße, je einfacher kann die Route berechnet werden. Das menschliche Gehirn funktioniert ähnlich. Mit einem: »Es wäre schön, wenn ich noch erfolgreicher werden würde«, kommt es nicht weiter. Ebenso wenig mit den Vorstellungen von: »Ich will frei, unabhängig und glücklich sein«. Das sind keine anschaulichen Bilder, die das Gehirn verarbeiten und umsetzen kann. Ziele müssen bildlich und konkret sowie überschaubar sein. Die Frage muss deshalb lauten: Wie sieht es konkret aus, wenn ich frei bin? Wenn Sie das Bild »Ich bin frei« malen müssten, was wäre darauf zu sehen? Das unendliche Meer? Oder der Blick von einem Gipfel? Ein Vogel? Eine offene Tür? Was mache ich, wenn ich unabhängig bin? Tanze ich alleine durch die Gegend, sitze ich im Auto und fahre nach Sizilien oder mache ich mich selbstständig und miete mir einen Laden?

Das Ziel muss plastisch wie eine Skulptur oder konkret wie ein Bild vor mir stehen. Damit alle Energien auf das Ziel konzentriert werden können, muss das Ziel so genau wie möglich definiert sein. Bei einem diffusen »ich brauche irgendwie mehr Zeit für mich« verpuffen die Energien, der Fokus fehlt und nichts passiert. Also konkretisiere ich mein Ziel so, dass ich es zeichnerisch darstellen kann, es riechen, fühlen, hören, schmecken kann, und bereits jetzt spüre, wie ich mich fühlen werde, wenn ich es erreicht habe. Dann rückt es in greifbare Nähe.

Also befragen Sie Ihre Gefühle! Welches Gefühl löst der Gedanke: »Ich kündige meinen Job« aus? Ein wunderbares! Also worum geht es mir mit meiner Kündigung? Nur um dieses »gute« Gefühl, das ich mir in der Folge verspreche. Vielleicht geht es auch einfacher, und es gibt eine Abkürzung. Was müsste passieren, damit ich dieses Gefühl bekomme, ohne zu kündigen? Oft sind wir bereits am Ziel oder darüber hinausgeschossen, ohne es zu merken. Manchmal haben wir es verpasst und suchen es vor uns, dabei liegt es bereits hinter uns. In diesem Fall bringt uns das nicht weiter. Der Zug ist abgefahren! Ich kann es höchstens neu definieren, konkretisieren und von vorne beginnen.

Wenn Sie nicht konkret formulieren, was Sie sich wünschen, dürfen Sie sich nicht über das wundern, was Sie bekommen. Angenommen, es würde Ihnen jetzt eine gute Fee erscheinen und Sie hätten einen Wunsch frei. Sie wünschen sich »einen Lottogewinn«. Und wenige Minuten später macht es »Pling« und Sie haben ihn: Genau 7,50 Euro! Sind Sie jetzt glücklicher? Nein? Sie haben sich eine Million erwartet? Warum haben Sie sich diese dann nicht gewünscht? Es ist eine gute Übung, Ziele zu konkretisieren, um in der Kommunikation mit anderen deutlicher zu werden. Ob privat oder geschäftlich, wir sind in unseren Formulierungen, Wünschen, Aussagen viel zu ungenau und wundern uns dann über Missverständnisse oder falsche Ergebnisse.

Wenn wir konkret sein wollen, müssen wir Folgendes wissen: Was will ich wann wo und von wem? Mit wem? Wie viel davon? Wie will ich es? Auch die Antworten, die Sie bekommen, sind immer so deutlich wie die Fragen, die Sie stellen.

Wenn Sie ungenaue Fragen stellen, erhalten Sie entsprechende Antworten. Was im Übrigen oft genug auch bei präzisen Fragen passiert. Entweder wurde dann nicht richtig zugehört, dem anderen mal wieder etwas unterstellt oder einfach nach alten Mustern reagiert.

Ziele positiv formulieren
Zielformulierungen müssen positiv sein, das Unterbewusstsein verarbeitet kein »nicht«. Wenn Sie Ihre Angst loswerden wollen und sich immer wieder suggerieren: »Ich habe keine Angst.«, dann wird das in »Ich habe Angst« übersetzt. Und damit haben Sie wirklich nichts gewonnen! Denn alles, was negativ formuliert wird, verschwindet nicht. Die Angst wird also noch verstärkt. »Ich will nicht« geht nicht!

Darum richten Sie Ihren Fokus nicht auf das, was Sie loswerden wollen, sondern auf etwas, was Sie an dessen Stelle setzen könnten. Anstatt »Ich lasse mir das nicht länger bieten«, könnte beispielsweise das Mantra: »Wenn man er mir wieder dumm kommt, atme ich tief durch und verlasse das Zimmer«, stehen.

Es geht darum, das Nicht-Ziel durch ein Ziel zu ersetzen. Was wäre, wenn das Problem verschwunden wäre? Was würde ich dann tun oder worüber würde ich nachdenken? Was träte an dessen Stelle? »Ich will keine Angst haben« könnte ersetzt werden durch: »Ich bin von Tag zu Tag mutiger«. Formulieren Sie bewusst, und erzeugen Sie mit Ihren Worten Bilder. Vermeiden Sie abstrakte Begriffe. Falls Sie beispielsweise abnehmen wollen, so ist das Mantra: »Ich nehme ab« unbrauchbar. Es ist nicht bildlich genug und somit schlecht zu verarbeiten. Was wollen Sie wirklich? Weniger essen? Oder einfach weniger wiegen? Was für ein Bild haben Sie vor Augen, wenn Sie ans Abnehmen denken? Wie viel wollen Sie denn abnehmen? Wie ließe sich Ihr Ziel visualisieren? Vielleicht durch ein Foto, wie Sie früher aussahen.

Hängen Sie sich diese Foto zusammen mit der gewünschten Gewichtszahl an die Kühlschranktür, und sagen Sie sich jeden morgen beispielsweise: »Ich wiege 50 Kilo«. Ihr Ziel sollte erreichbar sein, also unterteilen Sie es in übersichtliche Etappen! Grammatikalisch ist es sinnvoll, sich den Zustand so vorzustellen, als sei er bereits eingetreten, wie: »Ich habe die Prüfung bestanden«, anstatt »Ich werde die Prüfung bestehen«. Tun Sie so, als ob dieses erwünschte Ziel schon erreicht wäre und verbinden Sie das Wort mit einem inneren Bild, visualisieren Sie den Endzustand! »Ich werde ...« kann ja bedeuten, dass es in hundert Jahren erst so weit ist. Ich glaube nicht, dass Sie sich so lange Zeit lassen wollen. Also konkretisieren Sie Ihr Ziel, formulieren Sie es positiv und lassen Sie es dann los. Jetzt kann es sich auf den Weg in die Wirklichkeit machen.

2. Was bringt es mir?
Ein Ziel folgt einem bestimmten Zweck, und es erfordert stets einen Einsatz. Ich erwarte natürlich von ihm einen Profit für mich und in den meisten Fällen auch für andere. Ob ich mich weiterbilden oder umziehen möchte, ob ich vorhabe, Sport zu treiben – bei allem sollte es einen guten Grund geben, der mich in meinem Leben weiterbringt, der mir ein Mehr an Lebensqualität verschafft und meine wahren Bedürfnisse befriedigt. Oder mir zumindest neue, wertvolle Erfahrungen bringt. Es stellt sich immer die Frage: Was bringt es mir beziehungsweise will ich es wirklich? Das Ziel sollte mich in meiner Entwicklung weiterbringen und mich nicht zurückwerfen! Was auch immer jeder Einzelne unter »weiterbringen« versteht. Wenn ich das Ziel habe, mich beruflich zu verändern, dann sollte die Veränderung eine Verbesserung gegenüber meiner gegenwärtigen Situation sein. Das könnte mehr Geld, aber auch mehr Freizeit, eine anspruchsvollere Aufgabe, mehr oder auch weniger Verantwortung bedeuten. Falls mir diese Veränderung nichts bringt, kann ich mich genauso gut von diesem Ziel verabschieden. Es sei denn, ich langweile mich und wünsche mir ein Mehr an Problemen.

Was versprechen Sie sich also von Ihrem Ziel? Meinen Sie es tatsächlich ernst damit? Wollen Sie sich wirklich selbstständig machen? Was für eine Absicht steckt dahinter? Streben Sie die Selbstständigkeit an, weil Sie glauben, dadurch mehr Zeit für sich und Ihre Familie zu haben? Dann sind Sie auf dem Holzweg! Sie wollen Ihr eigener Chef sein, Ihre Ideen verwirklichen und eine sinnvollere Tätigkeit ausüben? Dann könnte dieses Ziel das richtige für Sie sein.

Was steckt hinter Ihrem Ziel? Wenn ich New York buche, dann sicherlich nicht, um mich dort zu erholen. Hier passen Zweck der Reise und Reiseziel nicht überein. In vielen Fällen ist das ähnlich. Wer glaubt, dadurch glücklicher zu werden, dass er seine Nase oder was auch immer operativ »verschönern« lässt, der wird sehr wahrscheinlich enttäuscht sein. Eine Nasenoperation bringt erst mal nicht mehr als eine neue Nase. Falls Sie sich ein glücklicheres Leben wünsche, wäre der Weg vielleicht ein ganz anderer. Wir verknüpfen unser Tun meistens mit der Absicht, dass sich dadurch unser Leben verändert! Oft steckt einfach nur das banale Bedürfnis dahinter, akzeptiert und/oder geliebt zu werden

Wie groß ist die Enttäuschung, wenn die körperliche Veränderung nicht die gewünschte emotionale Veränderung mit sich bringt. »Wenn ich schöner bin, lerne ich endlich den Mann meines Lebens kennen«. Wir bauen uns selbst Argumentationsketten zusammen und wundern uns, dass diese selbst geknüpften Perlenschnüre bei der ersten Belastung zerreißen. Selbst wenn Sie den Mann Ihres Lebens kennen lernen, sind Sie dann glücklicher? Der Arme kann einem ja jetzt schon leid tun. Er hat die große Aufgabe, Sie glücklich zu machen. Und wenn Sie das nicht mal selbst schaffen, wie soll er es denn hinkriegen? Da ist Unzufriedenheit von vornherein programmiert. Falls Sie Ihre Nase operieren lassen, läuft der Mann Ihres Lebens vielleicht an Ihnen vorbei, weil er Sie gar nicht erkennt!

Materielle Ziele

Materielle Ziele haben einen wichtigen Stellenwert im Leben. Sie sind wichtig, da sie uns erden. Wir leben nicht nur von Luft und Licht. Jedenfalls die wenigsten von uns. Zu wissen, wohin man gehört, sich eine Wohnung einzurichten oder ein Haus zu bauen ist ein Grundbedürfnis des Menschen. Dabei schafft er sich etwas »Festes« und Greifbares. Das Bedürfnis nach der erdenden Festigkeit im Leben kann auch durch Gartenarbeit befriedigt werden, durch die Arbeit mit Steinen und Erde. Oder durch den Kontakt mit archetypischen Materialien wie Filz und Wolle. Und natürlich auch durch alles, was mit der Zubereitung von Nahrung zu tun hat wie Kochen und Backen. Einen Brotteig zu kneten kann ungemein erden und ist vielleicht ein guter

Ersatz zum Einkaufen. Denn der Wunsch, etwas zu besitzen, kann auch dem Bedürfnis nach Erdung und nach Verbundensein entspringen.

Materielle Wünsche sind ein Teil unserer Ziele, die oft auch einem anderen Zweck untergeordnet sind. Brauchen Sie ein eigenes Haus, um darin zu wohnen oder um Ihren Status zu zeigen? Erhoffen Sie sich dadurch größere gesellschaftliche Akzeptanz? Wollen Sie durch ein schnelles Auto mehr Bewegung in Ihr Leben bringen? Die Frage, was hinter Ihren materiellen Zielen steckt, können alleine Sie beantworten. Der Mensch hat Besitz und braucht ihn. Aber wie viel »Besitz« braucht er wirklich? Nähern wir uns der Antwort über den Ursprung des Wortes, dem Verb »sitzen«. Man »besitzt« den Stuhl oder das Pferd, auf dem man sitzt. Und auf wie viel Stühlen können wir gleichzeitig sitzen? Eigentlich nur auf einem! Wir besitzen also mehr, als wir in jedem Moment nutzen können. Und meist sitzen wir auch noch zwischen den Stühlen, doch das ist ein anderes Thema.

Sich von scheinbaren Zielen verabschieden

Wenn Sie merken, dass Ihre Ziele nicht zu den dahinter liegenden Absichten passen, müssen Sie entweder die Absicht verändern oder sich vom Ziel verabschieden. Bleiben wir beim Beispiel New York. Wenn Sie sich erholen wollen, ist diese Stadt sicher nicht der geeignete Ort, aber wenn Sie einkaufen, sich amüsieren oder Kultur genießen möchten, sind Sie dort richtig aufgehoben. Falls Sie jedoch an Ihrer Absicht »Erholung« festhalten wollen, dann finden sich andere Ziele, beispielsweise die Bermudas oder der Schwarzwald. In dem Moment, in dem man sich die Frage nach der dahinter liegenden Absicht stellt, erspart man sich bereits im Vorfeld eine Menge Enttäuschungen. Deshalb sollten Sie sich häufiger die Frage stellen: »Will ich das wirklich?« Wenn Sie Ihr »Wollen« auf alle Konsequenzen hin untersuchen und sich trotzdem noch einen Oldtimer anschaffen wollen, obwohl er eine eigene Garage braucht, teuer ist und viel Sprit frisst, dann gehen Sie dieses Ziel an. Falls Sie aber im Vorfeld schon merken, dass der zeitliche und finanzielle Aufwand, der damit verbunden ist, Ihre Möglichkeiten sprengt, dass es Ihnen diese Opfer nicht wert ist, dann verabschieden Sie sich von diesem Ziel!

Oft ergreifen wir Möglichkeiten auch nur, weil sie uns von außen als scheinbar günstig oder einmalig angeboten werden und wir nicht »nein« sagen können. »Ich habe das Motorrad zu einem Schnäppchenpreis bei Ebay ersteigert«, rechtfertigt er seinen spontanen Kauf. Und das Schnäppchen entschuldigt dann auch die nicht erwünschte Farbe. Spontane Menschen sollten sich vor Schnäppchen in Acht nehmen. Und die weniger durchsetzungsfähigen sollten das Wörtchen »nein« üben. Nein, ich will dir jetzt keinen Gefallen tun. Nein danke, ich brauche keinen Zentner Kartoffeln, auch nicht geschenkt. Nein, ich kann am Sonntag nicht kommen. Ganz wichtig ist, dass hinter dem »Nein« immer ein Punkt steht. Oder ein danke. Aber kein »weil«. »Nein, ich kann dir nicht beim Umzug helfen, weil ich ...«, und dann folgen Rechtfertigungen und oft auch Notlügen. Diese ersparen wir uns, wenn wir nicht in die Rechtfertigung gehen. Denn als erwachsene Menschen werden wir für alles, was wir tun oder auch nicht tun, einen guten Grund haben.

Übung: Ich will nicht
Schreiben Sie sich diese beiden Sätze in Ihr Fahrtenbuch: »Nein, danke«, und: »Nein, das will ich nicht!« Sie können Sie auch mehrere hundertmal schreiben, damit sie besser sitzen.

Machen Sie eine Liste mit Dingen, die Sie sicher nicht wollen, der Grund ist egal. Betrachten Sie die Übung spielerisch. Meine Liste könnte folgendermaßen aussehen:
Ich will nicht an der Ostsee wohnen!
Ich will keine Katzen züchten!
Ich will kein Schweinefleisch essen!
Ich will mir von meinem Hund nicht auf der Nase herumtanzen lassen!
Ich will keine Termine vor acht Uhr morgens!

Meine Liste:
Ich will nicht

_____

Ich will kein

_____

3. Was bringt es den anderen?

Wir gehen nicht allein durchs Leben. Jeder von uns ist Teil der Gemeinschaft, einer Familie oder Gruppe. Die Konsequenzen des eigenen Handelns in Bezug auf andere zu bedenken, charakterisiert ein verantwortungsvolles Denken. Wer eine Familie mit Kindern hat, wird das Ziel »berufliche Veränderung«, das wiederum mit einem Umzug verbunden ist, anders überdenken als ein Alleinstehender. Welche Auswirkung hat das auf die Kinder? Ist ihnen ein Schulwechsel zuzumuten? Bringt die berufliche Veränderung unter dem Strich langfristig allen Beteiligten eine Verbesserung ihrer Lebensqualität? Oder verfolge ich meine Ziele so gnadenlos, dass sie auf Kosten anderer gehen? Wem schade ich gegebenenfalls mit meinen Absichten? Und wer profitiert davon?

In dem Moment, in dem ich anderen schade, schade ich mir selbst. Wer an ausgleichende Gerechtigkeit glaubt und diese schon erlebt hat, weiß, dass Handeln wie ein Bumerang zurückkommt. In manchen beruflichen Entscheidungen wurde diese Frage überhaupt nicht berücksichtigt. Ich frage mich oft, warum Personen, die überhaupt nicht gerne »dienen«, in Dienstleistungsberufen arbeiten. Wer nicht gerne Menschen bedient, sollte kein Kellner werden. Wer nicht gerne putzt, ist als Gebäudereiniger fehl am Platz. Es bringt den anderen gar nichts, wenn ich nicht mit Freude bei meiner Arbeit bin. Ganz abgesehen davon, dass es mir selbst auch keine Erfüllung bringt. Insofern sind die beiden Fragen 2 und 3 gut miteinander kombinierbar. »Was bringt es mir und was bringt es den anderen?«, kann sowohl mich als auch andere vor möglichen Enttäuschungen schützen.

Stellen Sie sich an dieser Stelle die Frage nach Zielen, die Sie haben, von denen auch andere profitieren können.

4. Was opfere ich dafür?

Je nachdem, was für ein Ziel ich habe, wohin meine Reise geht, investiere ich mehr oder weniger Geld, Zeit und Energie. Jedes Ziel hat seinen Preis und fordert Opfer. Wenn ich ein Feuer machen will, brauche ich dazu Brennstoff, ich muss also Holz oder Öl opfern, bevor ich damit rechnen kann, dass es im Zimmer warm wird. Egal, was Sie sich wünschen, egal, was Ihr Ziel ist:

Opfer müssen vorher gebracht werden. Wer glaube, ein erfolgreicher Tänzer zu werden, ohne seine Zeit für Training zu opfern, ohne sein Geld in einen Lehrer zu investieren, wird enttäuscht aufgeben.

Wir können fast alles erreichen, wenn wir bereit sind, den Preis dafür zu bezahlen. Ein Urlaub in einem Fünfsterne-Luxushotel in der Karibik hat sicher einen anderen Preis als einer in einer Pension im Bayerischen Wald. Nichts gegen den Bayerischen Wald, dort ist es auch sehr schön. Man darf sich allerdings nicht beklagen, dass dort der Strand fehlt. Es ist eine Frage der Prioritäten: Was spielt die größte Rolle, der Preis oder der Strand? Manche haben große Ziele, ohne bereit zu sein, den entsprechenden Preis zu zahlen. Wer nach Australien auswandern will, braucht eine entsprechende Berufsausbildung, Sprachkenntnisse und Rücklagen. Man muss bereit sein, dafür Jahre zu arbeiten, die Freizeit für Sprachunterricht zu opfern und so weiter. Von den emotionalen und menschlichen Opfern, das Zurücklassen von Familie und Freunden mal ganz abgesehen.

Was ist Ihnen Ihr Ziel wert? Was opfern Sie dafür? Worauf sind Sie bereit zu verzichten? Wie immer, wenn etwas Neues ins Leben kommt, auch bei neuen Zielen, muss etwas Altes dafür gehen. Sie haben das Ziel, Golf zu spielen? Woher wollen Sie die Zeit dafür nehmen? Sie arbeiten weniger? Verzichten also auf Arbeitszeit? Oder Sie verabschieden sich dafür von einem alten Hobby? Geben das Tennisspielen auf? Wer nicht bereit ist, etwas zu opfern, bleibt einfach bei dem, was er bisher gemacht hat und ändert an seinem Leben möglichst nichts.

5. Ist mein Ziel auch erreichbar?

Haben Sie das Ziel, demnächst in einem Liegestuhl am Mittelmeer zu liegen? Falls Sie in Marseille wohnen, ist es ein Katzensprung und in einer Stunde zu realisieren. Falls Sie in Stuttgart an Ihrem Schreibtisch sitzen, müssen Sie für den Weg zwischen zwei bis zehn Stunden einplanen, je nachdem, mit welchem Verkehrsmittel Sie reisen! Wie immer Ihr Ziel aussieht, wenn Sie es sich vor Ihrem inneren Auge vorstellen, wie weit ist es dann von Ihnen entfernt? Können Sie es schon mit ausgestrecktem Arm erreichen? Steht es einige Meter von Ihnen entfernt? Einige Kilometer oder sind es Lichtjahre? Bei letzterer Entfernung haben Sie sich Ihr Ziel wahrscheinlich etwas zu hoch gesteckt. Überhöhte Ziele wirken demotivierend und können schon im Vorfeld zum Scheitern verurteilt sein.

Mögliche Ziele dahingehend auszusortieren, ob sie »realistisch« oder utopisch sind, heißt, sich selbst zu begrenzen. Ob ein Ziel erreicht wird, hängt vor allem von der inneren Motivation ab. Als ich mein Zweitstudium anfing, hatte ich keine Ahnung, wie ich es finanzieren würde. Hätte mich die Tatsache beunruhigt, dass ich es mir eigentlich gar nicht leisten kann, wäre ich nie mit dieser Motivation in die Aufnahmeprüfung gegangen. Mein Ziel war, die Prüfungen zu schaffen. Wenn ich sie dann bestanden hätte, würde ich mich um die Finanzierung kümmern. Ich ließ mich durch dieses Problem im Vorfeld nicht von meinem Ziel abbringen. Schon damals war ich mir sicher, dass es einen Weg gibt. Und es gab einen! Ich habe sowohl alle Prüfungen bestanden als auch einen Job gefunden, der es mir ermöglichte, nebenher zu studieren.

Wären meine Gedanken damals innerhalb des Möglichen geblieben gewesen, hätte ich mich kaum zur Prüfung angemeldet. Eine Denkweise, die zu nah an der Wirklichkeit orientiert ist, kann uns in unseren Träumen und Visionen einengen. Visionäre Menschen haben sich noch nie darum gekümmert, ob etwas machbar ist oder nicht, sie haben es einfach versucht und an das Unmögliche geglaubt. Also glauben Sie an Ihr Ziel! Falls Sie es wirklich erreichen wollen, regelt sich der Rest wie von selbst. Trauen Sie sich etwas zu, und bleiben Sie dabei innerhalb Ihrer Grenzen.

Falls Ihnen Ihr Ziel zu weit entfernt erscheint, falls Sie kurzfristig an sich selbst zweifeln, ist es hilfreich, das Ziel in überschaubare Etappenziele zu unterteilen. Falls Sie beispielsweise vorhaben, einen Roman zu schreiben, und es ist Ihr erster, dann sollten Sie mit einer Kurzgeschichte beginnen. Danach folgt noch eine weitere. Wenn Sie zehn Kurzgeschichten zur Übung geschrieben haben, können Sie sich an Ihren Roman wagen. Etappenziele helfen, das große Ziel überschaubarer und somit erreichbarer zu machen. Sie bringen auch eine räumliche und zeitliche Struktur und beugen vor, sich zu überfordern. Wann immer die Struktur, der genaue Ablauf nicht stimmig ist, ist die Gefahr sehr groß, dass man den Überblick verliert und vorzeitig aufgibt. Wenn ich ein Buch schreibe, dann denke ich immer in kleinen »Happen«. Zuerst kommt das Exposé. Dann die Gliederung, parallel die Stoffsammlung und die einzelnen Kapitel entstehen nach und nach. Ich mache mir immer nur Kapitelweise einen Zeitplan. Dieses möchte ich heute zu Ende bekommen. Damit halte ich mich am Laufen! Und dabei dürfen auch Phasen der Ruhe und Belohnung nicht fehlen.

6. Ist es wirklich mein Ziel?

Nachdem Sie Ihr Ziel konkretisiert und geprüft haben, was es Ihnen und anderen bringt, sollten Sie zu der Einschätzung gekommen sein, ob Sie es wirklich erreichen können. Ist es die Opfer wert, die ich bringen muss? Bin ich mir über die Konsequenzen im Klaren? Angenommen, Sie wollen einen Film drehen. Ist das wirklich Ihr Ziel? Ja. Ist es erreichbar? Wenn Sie noch nie einen gedreht haben und auch keine Kontakte zur Filmindustrie haben, kann es schwierig werden. Was könnte Ihr Zwischenziel beziehungsweise Ihr modifiziertes, erreichbares Ziel sein? Sie könnten zum Beispiel ein Drehbuch schreiben. Ihr Durchhaltevermögen und Ihre Motivation werden bei diesem Etappenziel besser zu steuern sein als bei dem riesigen Ziel des kompletten Films. Wenn Sie die Entfernungen miteinander vergleichen, die zwischen Ihnen und den Zielen »Film« oder »Drehbuch« liegen, welches davon liegt näher? Vielleicht ist selbst das Ziel des Schreibens noch zu weit entfernt. Haben Sie jemals ein Drehbuch gelesen? Nein? Dann fangen Sie doch damit an. Die Reiseplanung könnte dann folgendermaßen aussehen: Ein Drehbuch besorgen und gründlich studieren. Den dazugehörigen Film ansehen. Einen Kurs zum Thema Schreiben besuchen. Kontakte zu Drehbuchautoren herstellen. Parallel ständig Ideen sammeln, aufschreiben und viel ins Kino gehen. Falls Sie dann immer noch Lust haben, können Sie allmählich damit beginnen, Ihre ausgewählte Geschichte in ein Drehbuch umzuwandeln.

Vielleicht merken Sie jetzt, dass Ihnen der Weg zum Ziel viel zu lang und der Aufwand zu groß sind. Dann verabschieden Sie sich doch von Ihrer Idee, einen Film zu drehen. Sie haben die Reise zu Ihrem Ziel noch nicht angetreten. Noch ist es Zeit umzukehren! Sie können es sich jetzt noch mal überlegen. Verwerfen Sie es oder ziehen Sie es durch.

7. Wie sieht der erste Schritt aus?
Koffer packen, Auto tanken, Reiseführer studieren, Brote schmieren. Was ist Ihr erster Schritt in Richtung Ihres Zieles? Zunächst einmal: Freuen Sie sich auf Ihr Ziel! Noch besser: Verlieben Sie sich in es. Denken Sie genauso oft und intensiv an Ihr Ziel wie an die Person, in die Sie frisch verliebt sind. Wie oft denken Sie so im Schnitt an Ihre neue Liebe? Täglich? Mindestens stündlich? Wem oder was gilt Ihr erster Gedanke, nachdem Sie aufgewacht sind und wem oder was Ihr letzter, bevor Sie einschlafen?

Egal, wie weit entfernt sich das Ziel noch von Ihnen befindet, der erste Schritt führt von der puren Absicht zur Handlung. Wie ernst Sie selbst es mit der Umsetzung Ihrer Ziele meinen, wird sich hier herausstellen. Denn falls Sie es wirklich ernst meinen, sollten Sie den ersten Schritt innerhalb der nächsten 72 Stunden gehen. Sie haben sich fest vorgenommen, abzunehmen? Und wie sieht der erste Schritt in diese Richtung aus? Sie könnten beispielsweise sofort Ihren Kühlschrank ausmisten. Alles raus, was Ihrer Figur im Wege steht. Ihr Ziel ist es, wieder joggen zu gehen? Innerhalb der nächsten drei Tage müssten Sie schon den ersten Lauf hinter sich haben oder sich zumindest ein paar Joggingschuhe zugelegt haben.

Was man innerhalb dieses Zeitrahmens nicht angeht, sondern immer wieder verschiebt, wofür man gute oder schlechte Ausreden hat, bleibt meistens illusorisch. Dann trennen Sie sich doch gleich von diesen Zielen, die offensichtlich nicht zu Ihnen passen. Denn das, was Sie von ganzem Herzen verwirklichen wollen, können Sie kaum erwarten. Wenn Sie wirklich für eine Idee Feuer gefangen haben und »brennen«, dann sollten Sie die Glut des Feuers nutzen und mehr Holz nachlegen. Ansonsten verglüht es vielleicht für immer.

Bevor etwas Realität wird, war es in Gedanken bereits vorhanden. Da Vinci sagte sich nicht: Ich baue jetzt ein Flugzeug, sondern: Ich will fliegen. Und so entstanden die ersten Skizzen zu einer Flugmaschine. Hätte keiner den scheinbar verrückten Wunsch gehabt, fliegen zu können, würden wir heute wohl noch auf Pferden sitzen. Der Gedanke, die Idee, das Konzept existieren zuerst, bevor sie in der materiellen Realität Gestalt annehmen. Durch unsere Gedanken schaffen wir uns unsere

Wirklichkeit, erweitern diese oder beschränken sie. Wenn Sie die Befürchtung haben »das wird nichts«, kann es nichts werden! Mit dieser Einstellung boykottieren Sie sich selbst.

Ihr Ziel ist es, einen Porsche zu besitzen? Wie könnte der erste Schritt aussehen? Vielleicht sollten Sie sich mal informieren, welcher Porsche was kostet, für wie viel man einen gebrauchten bekommt. Dann können Sie sich immer noch von diesem Ziel verabschieden oder es angehen. Legen Sie ein Sparkonto an, zahlen Sie regelmäßig etwas ein und visualisieren Sie das Endprodukt. Dazu können Sie sich das Foto Ihres Traumwagens in Ihre Nähe stellen und sich jeden Tag von Neuem motivieren, Ihr übriges Geld dafür anzulegen.

An die eigenen Ziele glauben

»Wer Gott vertraut und Bretter klaut, der hat 'ne schöne Laube«. Dieser Spruch aus der Berliner Laubenpieperszene beschreibt humorvoll das Zusammenwirken von Glauben und eigenem Handeln. Nur darauf zu vertrauen, dass Gott allein uns ein nettes Gartenhäuschen schenkt, führt nicht zum gewünschten Ergebnis. Aber das Zusammenwirken zwischen dem eigenen Handeln im Bild des »Bretterklauens« und des »Segens von oben« bildet die Grundlage für eine schöne Laube. Der Glaube an die eigenen Ziele dockt an göttliche Kraft an, erinnert an den göttlichen Funken, den jeder von uns in sich trägt. Der Glaube an sich selbst und die eigenen Kompetenzen ist die Grundvoraussetzung für Erfolg. Wenn dieser Glaube nicht vorhanden ist, mangelt es an der nötigen Kraft zur Realisierung.

Zur eigenen Überzeugung muss natürlich eine gute Vorbereitung kommen. Wer nur mit gutem Glauben, aber schlecht vorbereitet in ein Bewerbungsgespräch oder in eine Prüfung geht, wird kaum den erwünschten Erfolg verbuchen können. Wenn Sie sich allerdings mit gutem Gewissen sagen können: »Ja, ich habe mein Bestes gegeben«, dann kann der Glaube Wunder bewirken. Von nichts kommt nichts, das gilt auch hier. Und wer fest daran glaubt, morgen die Direktion seiner Bank zu übernehmen, aus dem Nichts, einfach nur so, weil er daran glaubt, ist naiv. Diesem esoterischen Gequatsche von »du erreichst alles, was du willst« muss man hinzufügen: »Wenn du die Voraussetzungen erfüllst, wenn es sein soll und wenn es das Beste für dich ist«.

Das Ziel visualisieren
Als mein altes Auto so langsam in die Jahre kam, stellte sich die Frage, was ich mir als Nächstes kaufen würde. Mein Traum war ein silberfarbener Audi TT. Eine Freundin sagte mir, dass ich den gleich vergessen könne, denn darin würde man nicht gut sitzen. Da ich es gewohnt bin, mir meine Meinung selbst zu bilden, tat ich den ersten Schritt in diese Richtung: Ich suchte mir einen Audi-Händler und setzte mich probehalber ins Cockpit. Und siehe da, es war wie für mich geschneidert, absolut perfekt! Gleichzeitig bekam ich eine realistische Preisvorstellung, und mit meiner derzeitigen finanziellen Situation befand ich mich mehr als weit von diesem Ziel entfernt. Doch mein Jagdfieber war geweckt, ich hatte Blut geleckt. Es muss ja kein nagelneuer sein, sodass ich mich über die Preise für Gebrauchtwagen informierte. Jetzt hatte ich also eine Zahl, mit der ich operieren konnte. Irgendwo in meinen Unterlagen fand ich eine Ansichtskarte mit meinem Traumwagen. Die stellte ich mir neben meinen PC und hatte ihn jeden Tag vor Augen. Hinderlich war nur noch der Preis. Ich hatte das Geld schlicht und einfach nicht, aber ich schloss mit mir selbst einen Handel: Wenn ich die Hälfte des Kaufpreises bar bezahlen kann, finanziere ich den Rest über einen Kredit. Auf diese Art fuhr mir mein TT schon mal um die Hälfte des Weges entgegen. Nun schrieb ich noch auf die Rückseite meiner Postkarte: »Ich fahre dieses tolle und schnelle Auto«. Jeden morgen sagte ich zu dem TT auf der Postkarte: »Bald hab ich dich!« Das Warten dauerte nur ein knappes halbes Jahr. Durch einen großen Auftrag erhielt ich einen Scheck über die besagte »Hälfte« des Kaufpreises und ich war am Ziel.

Das materialisierte Bild dessen, was Sie sich wünschen, sei es aus der Zeitung ausgeschnitten, gemalt oder als Foto, hat eine ungeheure Kraft. Stellen Sie es dahin, wo es diese Kraft am besten ausstrahlt und wo Sie es ständig sehen. Stellen Sie sich vor, wie es Ihnen geht, wenn Sie Ihr Ziel erreicht haben. Sie haben beispielsweise die Prüfung bestanden. Wo erfahren Sie das? Wie sieht der Raum aus, in dem Sie sich gerade befinden? Sollten Sie das Ergebnis per Post erhalten, dann stellen Sie sich vor, wie Sie den Briefkasten öffnen und den Brief erblicken. Wie sieht er aus, wie fühlt er sich an? Wo werden Sie ihn öffnen? Jetzt halten Sie das positive Ergebnis in der Hand. Was machen Sie? Springen Sie in die Luft oder tanzen Sie durch den Raum? Was sagen Sie, schreien Sie? Tun Sie das zur Übung schon mal jetzt. Wen rufen Sie als Erstes an? Wie reagiert er oder sie? Stellen Sie sich die positive Situation mit allen Sinnen vor. Falls Sie noch keinen Plan haben, wie Sie reagieren würden, inszenieren Sie diese Situation jetzt. Stellen Sie sich vor, wie Sie eine Flasche Champagner öffnen, wie schwer sich der Korken entfernen lässt, wie der Champagner übersprudelt, wie Ihnen das Grinsen nicht mehr aus dem Gesicht geht.

Wichtig ist, dass Sie Ihre Aufmerksamkeit nur auf einen positiven Ausgang richten. Lassen Sie Ihre Befürchtungen außen vor. Wenn Sie sich Ihr Ziel mit allen Sinnen vorstellen können, einen Film von diesem Ereignis vor Ihrem inneren Auge abspielen können, dann gehen die Energien wie von alleine in diese Richtung. Falls Ihr Ziel ein abstraktes ist, machen Sie es so konkret wie möglich, indem Sie ein Symbol dafür suchen. Sie wünschen sich die Mutter Ihrer Kinder? Sie haben noch keine bestimmte Frau im Visier? Dann nehmen Sie ein Symbol, beispielsweise ein Herz oder das Bild einer Frau und platzieren Sie es gut sichtbar in Ihrer Nähe. Jedes Mal, wenn Sie das Bild sehen, gehen Ihre Gedanken und somit Ihre Energien in diese Richtung. Und dann können Sie nur noch auf die Anziehung hoffen.

Das Ziel loslassen

Sie haben Ihr Ziel ein zweites Mal konkretisiert, all Ihre Energien auf das Ziel hin fokussiert? Dann gönnen Sie sich vor der Umsetzung eine kleine Pause und lassen Sie das Ziel einfach los. Sie haben alles getan, was Sie momentan tun konnten? Sie haben die ersten Schritte eingeleitet? Haben Ihre Bestellung sozusagen abgeschickt? Dann vertrauen Sie diese dem »Postweg« einer höheren Instanz an! Bewahren Sie sich den festen Glauben, dass die Lieferung erfolgen wird.

Stellen Sie sich vor, Sie hätten sich bei einem Versandhandel eine Hose bestellt. Wenn Sie der Bestellung nicht trauen, können Sie natürlich am nächsten Tag wieder anrufen und nachfragen, ob auch wirklich eine Bestellung einging. Wer dem Frieden immer noch nicht traut, kann die Bestellung wiederholen, um ganz sicherzugehen. In jedem Fall schafft er Verwirrung, bekommt vielleicht gar keine Sendung oder die gleiche Ware doppelt. Wer im entscheidenden Moment nicht loslassen kann, unterbricht den harmonischen Gang der Dinge, unterbricht den Energiefluss. Nicht loslassen können bedeutet, ständig die Kontrolle über die Situation haben zu wollen. Vielleicht lässt sich bei dem Versandhandel zu jeder Zeit genau nachverfolgen, wo die Bestellung gerade ist, ob noch im Lager oder schon im Paket, aber im normalen Leben ist diese Phase des Loslassens als »Inkubationszeit« nötig. Von jetzt auf gleich geht gar nichts! Sie brauchen Geduld.

Übung: Wünsche als Ziele formulieren und sie den Elementen übergeben
Falls Sie Wünsche haben, die kein Versandhandel liefert, dann geben Sie doch Ihre Bestellung selbst auf. Schreiben Sie das, was Sie sich wünschen, ganz konkret formuliert auf einen Zettel. Übergeben Sie ihn an die Kraft des Feuers, indem Sie ihn anzünden. Oder übergeben Sie ihn der Kraft der Luft, in dem Sie ihn zu einem Flieger falten und von einem Turm werfen. Sie können ihn aber auch dem Element Wasser übergeben, in dem Sie ihn zu einem Schiffchen falten und auf einem Fluss aussetzen. Sie können ihn auch vergraben, dann wird er eins mit dem Element Erde.

Die sieben Fragen an mein Ziel:
1. Was ist mein konkretes Ziel?
   Ein Job in Shanghai.
2. Was bringt es mir?
   Er befriedigt meine Lust auf Veränderung und Abenteuer. Er bringt Lebendigkeit in mein eingefahrenes Leben. Er bringt mir neue Erfahrungen. Ich kann andere damit beeindrucken. Ich kann im Winter in der Sonne sitzen.
3. Was bringt es anderen?
   Mein Freund wird ohne mich mehr Zeit haben. Meine Eltern werden traurig sein.
4. Was opfere ich dafür?
   Schöne, besinnliche Wintertage in Deutschland. Den Schnee! Unter Umständen kostet es meine Beziehung! Meine Freunde und meine Familie sind weit weg! Und ich muss Zeit opfern, um Chinesisch zu lernen.
5. Ist mein Ziel auch erreichbar?
   Ja, ich habe schon ein Angebot.
6. Überprüfen und/oder ggf. verwerfen oder neu formulieren
   Mein Ziel ist es, ein Jahr lang in Shanghai zu arbeiten.
7. Der erste Schritt:
   Ich informiere mich und lerne Chinesisch.
   Ich stelle mir vor, wie mein Büro in Shanghai aussieht. Ich stelle mir vor, wie ich im Urlaub auf der Chinesischen Mauer stehe.

5. »Dem Straßenverlauf lange folgen« oder: Neun Etappensiege zum Ziel

Ihr Ziel steht fest. Jetzt müssen Sie sich nur noch fragen, wie Sie dorthin kommen. Nicht nur von Stuttgart aus führen mehrere Wege nach Rom: Der eine über die Schweiz, der andere über Österreich. Welchen Sie wählen, hängt davon ab, wie viel Zeit Sie haben, mit welchem Verkehrmittel Sie reisen und warum Sie reisen. Wollen Sie schnellstmöglich dort ankommen oder die landschaftlich schönste Strecke nehmen? Planen Sie die ganze Strecke minutiös durch oder entscheiden Sie sich unterwegs spontan noch für eine Änderung? Egal, für welche Route Sie sich entschließen: Jetzt geht's los! Die Vorbereitungen sind abgeschlossen, die Koffer gepackt, das Ziel steht fest, jetzt geht's auf die Autobahn. Der Theorie folgt endlich die Praxis, dem Wissen folgt jetzt die konkrete Umsetzung. Es geht über neun Etappen Ihrem Ziel entgegen:

Etappe 1: Ihr Ziel ist formuliert, Sie müssen es nur noch eingeben.

Etappe 2: Jede Reise beginnt mit dem ersten Schritt. Nehmen Sie Ihr Ziel ernst und schließen Sie einen Vertrag.

Etappe 3: Ihre Reiseplanung entscheidet über das Transportmittel, die Reiseleitung und den nötigen Proviant. Reisen Sie zu Fuß oder per Flugzeug? Alleine oder in der Gruppe?

Etappe 4: Unterwegs werden Sie Durststrecken durchleben. Da heißt es durchhalten! Wie halten Sie sich am Laufen? Wann und wo legen Sie Pausen ein?

Etappe 5: Sie werden auf Mitreisende treffen, profitieren von diesen Kontakten, Sie werden vielleicht aber auch auf falsche Fährten gelockt.

Etappe 6: Im Laufe der Fortschritte Ihrer Reise werden Sie merken, welche Fähigkeiten Ihnen für ein weiteres, schnelleres Fortkommen noch fehlen. Vielleicht ist es Zeit für eine Pause und ein weiteres Training.

Etappe 7: Wo auch immer Sie sich befinden: Halten Sie die Augen offen und nehmen Sie Impulse auf.
Etappe 8: Die Route mag nicht immer so glatt verlaufen. Es gibt Baustellen, ab und zu stecken Sie im Stau oder Sie verfahren sich trotz des Navigationssystems. Achten Sie auf mögliche Hindernisse, schalten Sie diese aus oder umfahren Sie sie einfach.
Etappe 9: Fokussieren Sie Ihr Ziel, korrigieren Sie gegebenenfalls auch den Kurs, aber lassen Sie Ihr Ziel niemals aus den Augen!
Sie werden erleben, dass allein durch Ihre Zielentscheidung viele Veränderungen eintreten. Ihr Blickwinkel und Ihre Wahrnehmung haben sich bereits verändert, Ihr Fokus ist ein anderer, Ihr Bewusstsein ist geschärft. Sie betrachten den Weg sozusagen schon vom Ziel her. Sie werden sich unterwegs manchmal so fühlen, als hätten Sie es bereits erreicht. Das zeigt Ihnen, dass Sie gedanklich mit Ihrem Ziel bereits verschmolzen sind. Projizieren Sie es in die Zukunft und kehren Sie dann mit Ihrem Bewusstsein schnell wieder in die Gegenwart zurück. Passen Sie auf, wohin Sie fahren, konzentrieren Sie sich auf den Weg. Den Kurs hält das GPS von ganz alleine! Der Erfolg hängt von Ihrer inneren Einstellung ab: Machen Sie sich keine Sorgen, vertrauen Sie der inneren Führung und den äußeren »Fügungen«. Sie werden sehen, das Ziel kommt Ihnen auf halbem Weg entgegen! Und schneller, als Sie anfangs dachten, meldet sich Ihr GPS mit der Meldung: »Nach 500 Metern haben Sie Ihr Ziel erreicht«.

Etappe 1: Das Ziel ist konkretisiert und formuliert
Ihr Ziel ist konkretisiert und hoffentlich auch schriftlich fixiert. Am besten, Sie schreiben es sich noch einmal in Ihr Fahrtenbuch. Egal, ob Sie einen Urlaub, ein Menü für Freunde oder einen Einkauf vor einem langen Wochenende planen, die Vorgehensweise ist immer ähnlich: Machen Sie sich eine Liste der Dinge, die Sie brauchen, notieren Sie sich, wo Sie sie besorgen werden und wann Sie sie benötigen. Denken Sie daran, dass die Formulierung so gewählt werden sollte, als sei das Ziel bereits erreicht. Bleiben Sie nicht in puren Absichtserklärungen stecken. »Es wäre schön, wenn die mich an der Hochschule nehmen würden« ist ein vager, unsicherer Wunsch und keine klare

Zielformulierung. Erst wenn Sie es wirklich ernst meinen, bekommt Ihr Ziel auch Kraft. »Ich lasse mir die Augen lasern«, oder »Ich bekomme das Stipendium«, sind klare im Präsens formulierte Ziele.

Noch einmal zur Erinnerung: Welches Ziel werden Sie wann, wo, mit wessen Hilfe erreichen? Wenn Sie um Hilfe bitten, wird sie Ihnen von unerwarteter Seite zuteil werden. Vergessen Sie es niemals: Was immer Sie erreichen wollen, es ist bereits alles da. Das Ziel wartet auf Sie. Allerdings können Sie keine Hilfe erwarten, wenn Sie nicht zuvor die Initiative ergriffen haben.

Etappe 2: Jede Reise beginnt mit dem ersten Schritt

Ist es Ihnen mit Ihrem Ziel wirklich ernst? In diesem Fall sollte der erste Schritt in seine Richtung innerhalb der nächsten 72 Stunden, also der nächsten drei Tage, erfolgen. Dann ist es Ihnen wirklich wichtig. Alles, was nicht in dieser Zeit auf den Weg kommt, verliert Kraft. Wie viele Menschen reden seit Jahren davon, endlich ein Buch zu schreiben, abzunehmen, umzuziehen, den Job zu kündigen, der Schwiegermutter die Meinung zu sagen und so weiter. Sie selbst haben bestimmt Personen in Ihrem Bekanntenkreis, deren Geschichten Sie schon ewig langweilen. Fragen Sie sich bei nächster Gelegenheit, ob sie wirklich an einer Veränderung und an einem Rat interessiert sind. Falls ja, geben Sie ihnen folgende Aufgabe: »Wenn wir uns das nächste Mal sehen, erzählst du mir, was du inzwischen in diese Richtung unternommen hast. Falls es nichts ist, und du mir immer noch die gleiche Geschichte erzählst, gibst du mir einen Kaffee (oder was auch immer) aus. Falls du etwas unternommen hast und sich etwas verändert hat, spendiere ich dir einen.«

Andere Menschen »in den Hintern« zu treten fällt uns leichter, als uns selbst aufzuraffen. Wie sieht Ihr erster Schritt in Richtung Ihres Ziels aus? Schauen Sie sich mal in Ihrer Umgebung um: Hat Ihr Ziel einen Raum? Falls Sie ein Buch schreiben wollen, brauchen Sie immerhin einen Tisch, eine ruhige Ecke und ein paar Blatt Papier oder einen PC. Bereiten Sie den Ort und die Hilfsmittel vor. Das wäre ein erster Schritt. Also nehmen Sie im ersten Schritt Ihre Ziele ernst und geben Sie ihnen Raum und Zeit. Wie viele Stunden und Minuten am Tag wollen Sie sich Ihrem Ziel widmen?

Schließen Sie einen Vertrag mit sich ab
Mit einer der ersten Schritte wäre der, sich selbst auf sein Ziel »einzuschwören« und sich selbst gegenüber eine Verpflichtung einzugehen. Sie wollen sich jede Woche etwas Gutes tun? Sich mehr um Ihre Freunde kümmern? Ihren Körper pflegen, Ihre Ernährung umstellen, endlich Ihren Krimi zu Ende schreiben? Dann rate ich Ihnen zu einem Vertrag mit sich selbst!

Wie immer der Text aussieht, ist Ihnen überlassen, ich habe unten einen »Mustertext« als Anregung abgedruckt. Vertragspartner ist auf der einen Seite Ihr Ich, das sich gerne verändern möchte, der sportliche, einsichtige, gesundheitsbewusste Teil Ihrer Persönlichkeit, und auf der anderen Seite der träge Teil, der keine Veränderung wünscht. Sie können sich laut Vertrag zu einem konkreten Ziel verpflichten, das zeitlich überschaubar ist und Sie selbst nicht überfordert. Verpflichten Sie sich beispielsweise, anstelle von Schokolade Äpfel zu essen, morgens eine halbe Stunde zu laufen, eine Woche lang auf abendliches Fernsehen zu verzichten. Sie können Vertragsstrafen einbauen (falls ich rückfällig werde, mache ich das und das) und sich auch am Ende des Wegs belohnen (ein Wochenende Urlaub am Meer, ein paar neue Schuhe usw.). Welche Veränderung auch immer Sie sich in Ihrem Leben wünschen, mit einem Vertrag ist hierzu der erste Schritt getan. Ihre Absicht wird zum Ziel, Ihr Ziel gewinnt an Bedeutung und Sie selbst sind sicherlich ein vertrauenswürdiger Vertragspartner!

Vertragstext
Vertrag zwischen _____ und

_____

Hiermit verpflichte ich mich mir selbst gegenüber bis zu

folgendem Datum _____
folgendes Ziel zu erreichen:

_____

Bei Nichteinhaltung tritt folgende Vertragsstrafe in Kraft:

_____

Nach Erfüllung des Vertrags steht dem Vertragspartner folgende Leistung zu:

Während der Laufzeit des Vertrags werden keine Diskussion mit dem inneren Schweinehund geführt!
Ort und Datum

Unterschrift

Unterschrift Zeuge

Etappe 3: Die Routenplanung

Je nachdem, wie weit Ihr Ziel entfernt ist, wie viel Zeit Sie haben, was Ihnen bei Ihrer Reise wichtig ist, werden Sie entweder einen Jet, ein schnelles Auto oder gemütliche Schuhe wählen. Gestalten Sie sich den Weg so angenehm wie möglich, denn die Reise wird noch hart genug sein! In welcher Art Kleidung fühlen Sie sich am wohlsten? Welches Outfit gibt Ihnen die entsprechende Sicherheit? Sorgen Sie für angemessene Kleidung, die zu Ihrem Weg und Ihrem Ziel passt. Wer auf eine Führungsposition hinarbeitet, braucht einen passenden Anzug im Schrank, um gegebenenfalls sofort zu einem Vorstellungsgespräch gehen zu können.

Vergessen Sie bei der Zeitplanung nicht Ihre Erholungsphasen. Wer innerhalb von drei Jahren sein Studium durchziehen will, der hat ein hartes Tempo vor sich und braucht spätestens nach jedem Semester eine kleine Pause, wenn er gesund am Ziel ankommen will.

Wenn Sie mit dem Auto fahren, werden Sie von Ihrem Navigationssystem aufgefordert, Ihr Ziel einzugeben und darüber hinaus Zwischenziele. Über welche Zwischenetappen Sie Ihr Ziel erreichen wollen, hängt nicht zuletzt von der Zeit ab, die Sie sich selbst für Ihr Ziel geben. Geben Sie sich die Zeit, unterwegs Sehenswürdigkeiten zu betrachten? Freunde zu besuchen oder ist Ihnen der Weg vollkommen egal? Im letzteren Falle wählen Sie wahrscheinlich den schnellsten Weg, der Sie über Autobahnen mit gerader Streckenführung leiten wird. Der direkte Weg ist aber manchmal nicht immer der schnellste. Die geografisch kürzeste Verbindung zwischen zwei Punkten kann über Berge und durch Wälder führen und landschaftlich sehr reizvoll, aber auch anstrengend sein. Eine lineare Wegstrecke entspricht dem chinesischen Prinzip von »Yang«, das rational betont und sehr zielgerichtet ist. Hier ist der Schwerpunkt auf das Ziel gerichtet. Das weibliche Prinzip des »Yin« entspricht den geschwungenen Wegen, den Trampelpfaden und heimlichen Schleichwegen. Egal, wie sie vorankommen, auch ein Schleichweg führt zum Ziel. Im Idealfall kombinieren Sie beide!

Etappe 4: Durststrecken überwinden
Wer oder was hindert mich eigentlich daran, meinen Weg zum Ziel zu gehen? Das zu tun, was ich schon immer tun wollte, dorthin zu fahren, wo ich schon immer sein wollte? Schwierigkeiten sind Teil der Route und wahre Herausforderungen, die Hindernisse aus dem Weg zu räumen. Eines der größten Hindernisse ist man selbst, die eigene Trägheit und der Verlust der Motivation.

Wie halten Sie eine anstrengende Wanderung auf einen Berg durch? Was hält Sie da am Laufen und was hält Sie davon ab, in der Mitte der Strecke abzubrechen und den Abstieg ins Tal zu beginnen? Mich persönlich motiviert in so einem Fall weniger die Aussicht auf eine schöne »Aussicht« oben am Gipfel, sondern die Aussicht auf einen Germknödel mit einer kalten Apfelsaftschorle oben auf der Berghütte. Deshalb plane ich bei Gebirgstouren so, dass Hütten auf dem Weg liegen. Jeder muss selbst wissen, was ihn während einer Ochsentour motiviert, deshalb gönnen Sie sich Belohnungen.

Ein weiteres Thema ist die Überwindung der eigenen Trägheit und des »Durchhängens«. Ich sehe, gerade wenn ich meine Bücher schreibe, immer mal wieder einen freien Tag oder einen freien Abend vor, den ich mir spontan genehmige. Der Mensch braucht Pausen, um sich zu erholen und Abstand von seinem Ziel zu bekommen. Mit neuer Motivation kann es am nächsten Tag weitergehen. Die Pausen dürfen nur nicht zu lang sein.

Wenn ich einige Tage nicht an meinem Manuskript gearbeitet habe, ist der Einstieg beschwerlich.

Etappe 5: Reisebekanntschaften

Wer unterwegs ist, trifft auf Reisende, die oft dasselbe Ziel haben. Wer im ersten Semester anfängt zu studieren, wird nicht lange alleine bleiben. In Seminaren treffen sich diejenigen mit den gleichen Absichten, die Ehrgeizigen werden zusammen lernen, die Vergnügungssüchtigen werden gemeinsam feiern. Egal, wohin Ihr Weg führt – wer ein Ziel vor Augen hat, begegnet überall Gleichgesinnten. Diese Zielenergien ziehen sich gegenseitig an. Um sich diese magische Anziehung zu Nutze zu machen, ist es sinnvoll, sein Anliegen und Ziel zu thematisieren. Reden Sie mit Ihren Mitmenschen über das, was Sie vorhaben. Sprechen Sie über Ihre Ziele, vor allem mit Ihnen nahe stehenden Personen!

Sie werden dann nicht nur Gleichgesinnte, sondern auch Helfer finden, sollten Sie diese brauchen. Sie stehen, wie die Notrufsäulen, am Wegesrand. Man trifft sie in regelmäßigen Abständen, aber nur, wenn man sich selbst bewegt. Wer stillsteht, kommt an keiner Notrufsäule vorbei, sondern muss Hilfe herbeirufen.

Bitten Sie vor allem Ihren Partner oder Ihre Partnerin um mentale Unterstützung. Sagen Sie ihm oder ihr, wie wichtig das für Sie ist. Vielleicht macht Ihr Partner Ihr Ziel ja auch zu seinem eigenen, sodass daraus ein gemeinsames Projekt entstehen könnte? Geteilte Erlebnisse und gemeinsame Erfahrungen schweißen eine Partnerschaft zusammen und bieten eine gute Basis für eine langfristige Beziehung.

Vorsicht Neid!
Umgeben Sie sich auf Ihrem Weg mit Menschen, die Ihnen wohlgesonnen sind und hüten Sie sich vor Neidern. Je mehr Neider Sie haben, desto erfolgreicher sind Sie bereits, vielleicht ohne es zu wissen. Neid ist Missgunst und ein kleinkariertes Gefühl. Es tritt bei Freunden ebenso auf wie bei Familienangehörigen oder Nachbarn. Wenn Sie auf Neider treffen, umfahren Sie diese großräumig!

Andere haben bereits das erreicht, was Sie gerne hätten? Fahren an Ihnen mit einen Cabrio vorbei, und Sie denken: »Wieso hat der so einen Wagen und ich nicht?« Mal ehrlich: Sind Sie selbst frei von Neid? Missgönnen Sie anderen ihr Glück oder ihren Besitz? Neid ist ein menschliches Gefühl, das jedoch für die eigenen Absichten kontraproduktiv ist. Es gibt nicht nur ein Cabrio auf diesem Planeten, an jeder Ecke werden sie verkauft. Neid ist ein Gefühl, das in die Sackgasse, nämlich in das Bewusstsein des Mangels führt. Wenn Sie davon ausgehen, dass von allem genauso viel da ist, wie Sie es brauchen, können Sie sich Neidgefühle sparen.

Versuchen Sie es stattdessen mit Bewunderung: »Mensch toll, der hat's geschafft, dort werde ich auch ankommen.« Bewundern Sie den anderen von ganzem Herzen, wünschen Sie ihm Erfolg und machen Sie ihm ehrliche Komplimente. Diese Energie kommt wieder zu Ihnen zurück! Nehmen Sie sich erfolgreiche Menschen zum Vorbild, anstatt sich jammernd im Selbstmitleid zu wälzen, weil Sie scheinbar zu kurz kommen.

Etappe 6: Den Fortschritt kontrollieren

Wie sieht es mit Ihrer Zwischenbilanz aus? Liegen Sie noch im zeitlichen Rahmen, und befinden Sie sich noch auf dem Weg, den Sie gewählt haben? Das GPS wird Sie zwar auf der richtigen Strecke halten, aber dennoch sollten Sie von Zeit zu Zeit auf die Landkarte schauen und Ihre Route kontrollieren. Blind folgen sollte man keinem, nicht mal seinem eigenen Navigationssystem! Ein Blick auf die Karte stellt auch die visuelle Verbindung zwischen Ihrem Ausgangspunkt und Ihrem Ziel her. Wenn Sie abstrakte Ziele erreichen wollen, ist es nötig, dass Sie sich selbst Ihre eigenen Bezugspunkte setzen. Ihr Fortschritt muss nachvollziehbar und messbar sein. Beim Schreiben können es die Seitenzahlen sein, beim Malen die Anzahl der fertigen Bilder. Sorgen Sie für Ihr ganz persönliches Erfolgserlebnis, das dadurch entsteht, dass Sie Ihre Leistung sichtbar machen. Notieren Sie in Ihr Fahrtenbuch, was Sie heute geleistet und erreicht haben, mit wem Sie was besprochen haben und zu welchem Ergebnis dies geführt hat.

Etappe 7: Die Augen offenhalten

Sie können entweder mit Scheuklappen vor den Augen oder fokussiert auf Ihr Ziel zugehen. Oder Sie können sich ihm in bewusster Aufmerksamkeit nähern, alle Impulse, die Ihnen begegnen aufnehmen und überprüfen, ob sie Ihrem Ziel dienen könnten. Also verschließen Sie nicht Ihre Sinne, sondern schulen Sie Ihre Beobachtung. Auch wenn Sie mit GPS fahren und seit Tagen unterwegs sind, hilft Ihnen dieses System bei der Unfallvermeidung wenig. Hier sind erhöhte Konzentration und Wachsamkeit gefragt. Bleiben Sie deshalb fit und aufmerksam. Falls Sie müde werden, ist das ein Zeichen dafür, dass Sie dringend eine Pause brauchen!

Impulse und Erkenntnis warten überall. Sie sind Teil des Wegs. Darum seien Sie offen für Neues und sehen Sie es nicht als Last oder unwillkommene Störung an. Allen, denen Sie begegnen, müssen Sie begegnen, jeder hat Ihnen eine Botschaft mitzugeben. Alles, was Sie unterwegs antreffen, kann Werkzeug und Mittel sein, Ihr Ziel zu erreichen. Es hilft Ihnen weiter, auch wenn es nicht immer so aussieht.

Sie können bewusst Impulse suchen. Nehmen Sie ein Buch aus dem Regal, schlagen Sie es willkürlich auf und zeigen Sie mit dem Finger auf eine Zeile. Das könnte der Impuls für Ihren heutigen Tag sein. Einer meiner Impulsgeber ist das Buch *Lächelnde List*. Hier finden sich 108 Strategeme aus dem alten China. Ich lasse die Seiten durch meine Finger surren und halte irgendwann an. Mein Strategem für heute lautet: »Bei Regen das Dach suchen, nicht den Schirm«. Man kann Impulse, die einen zum Nachdenken anregen und die eigene Sichtweise hinterfragen, aus verschieden Quellen beziehen. Wichtig ist nur, dass Sie mit offenen Augen durchs Leben gehen und für neue Begegnungen und Erfahrungen offen sind.

Etappe 8: Im Stau

Woran merken Sie, dass Sie im Stau stecken? Sie sitzen im Auto, während sich nichts rührt und der Verkehr nicht weiterfließt. Wie wirkt sich diese Situation auf Ihre Gedanken aus? Vielleicht kommen Ihnen die besten Erkenntnisse gerade im Stau, wenn das Chaos am größten ist und anscheinend nichts mehr geht. Das Schöne am Stau ist die Ohnmacht der Betroffenen. Sie befinden sich in einer Situation, die sie nicht kontrollieren können. Und gerade das macht unruhig. Nutzen Sie stattdessen die meditative Energie des Staus, betrachten Sie ihn als Muße, als Freizeit, als zeitliches Geschenk.

Wie viel lieber sind uns da Schlaglöcher auf der Straße, Steine oder noch größere Hindernisse auf dem Weg. Hier sind wir gefordert, können aktiv werden und unsere Kompetenz unter Beweis stellen.

Aufgestellte Schilder wie Geschwindigkeitsbegrenzungen und andere Restriktionen können große Hindernisse darstellen, wenn sie unseren eigenen Regeln widersprechen. Wer braucht schon Geschwindigkeitsbegrenzungen? Sind sie nicht dazu da, damit man sie übertritt? Das eigene Verhältnis zu Regeln und den aufgestellten Schildern ist aussagekräftig bezüglich der eigenen Lebensregeln. Wie sieht es mit Ihrer inneren »Geschwindigkeitsbegrenzung« aus? Ihre Regeln sind nicht unbedingt die Regeln der anderen. Sie können aber die anderen von Ihren Regeln in Kenntnis setzen und ihnen mitteilen, was droht, wenn sie die Regeln übertreten: »Wenn wir uns verabredet haben, werde ich in Zukunft nicht länger als 15 Minuten auf dich warten. Danach werde ich gehen und den Abend in anderer Gesellschaft verbringen«, ist eine klare Ansage. Ich sage nicht »du musst«, sondern ich sage an, was ich tun werde. Mein Gegenüber hat also die Wahl.

Vorsicht Wegelagerer!
Unterwegs trifft man auf ein buntes Heer von Mitreisenden, die versuchen, uns vom Weg abzubringen: Wegelagerer und Piraten, die einem den Proviant entreißen oder die Ankunft missgönnen. Beides sind Erfolgsverhinderer, deren scheinbar gut gemeinte Ratschläge einen zum Umkehren anhalten oder bewegen sollen. »Hast du dir das auch gut überlegt, dich in den heutigen Zeiten selbstständig zu machen?«, wurde ich nicht nur von einem Bekannten gefragt. Immerhin hatte ich meine Stelle im öffentlichen Dienst aufgegeben, was die wenigsten nachvollziehen konnten. »Pass auf, dass du dich nicht verzettelst«, war die Reaktion auf mein umfangreiches Wissen, das ich anzubieten hatte. Wie immer kann man die Dinge aus unterschiedlichen Perspektiven betrachten. Durch meine damalige berufliche Veränderung wurde vielen ihr eigenes, langweiliges Berufsleben bewusst.

Auf der anderen Seite gibt es diese Spaßbremsen, die einem die Lust am Leben vollkommen versauen wollen! Sie schildern uns das Ziel in den dunkelsten Farben. Lassen Sie sich während Ihrer Reise die Laune von diesen Miesepetern nicht verderben. Für sie ist Paris nur eine Stadt mit zu vielen Autos, zu viel Luftverschmutzung und Taubenkot.

Auf dem falschen Kurs?

Es könnte ja sein, dass Sie in Windeseile Ihrem Ziel entgegenrasen und Sie werden durch einen Unfall gestoppt. Es kann ein Unfall sein, der Ihnen widerfahren ist oder den Sie mitverursacht haben. Ob Sie Schuld haben, ist zweitrangig. Ein Unfall zwingt Sie zunächst einmal zum Abbremsen und Anhalten. Es ist immer ein Hinweis dafür, dass man zu schnell unterwegs war, vielleicht eine Entscheidung zu unüberlegt getroffen oder nicht auf das eigene Gefühl gehört hat. In jedem Fall handelt es sich um einen so genannten Wink mit dem Zaunpfahl, Ihre momentane Situation zu überdenken.

Wenn Ihnen beispielsweise ein Auto von hinten reinfährt, dann könnte es sein, dass Sie zu zögerlich sind. Fragen Sie sich selbst: Was hat mir das jetzt gerade in dieser Lebensphase zu sagen, was will mir das zeigen? Ein gebrochenes Bein ist zweifellos ein Unfall, der auf zu hohe Geschwindigkeiten hinweist. Die Frage müsste an dieser Stelle lauten: Wozu zwingen mich die Auswirkungen eines Unfalls? Falls ich im Bett liegen muss, nimmt sich der Körper die Ruhe, die ich ihm selbst vielleicht durch meinen aktiven Lebensstil versagt habe. Unfälle, ob kleinere im Haushalt oder Verkehrsunfälle, sollten ernst genommen werden. Denn Sie zeigen, dass man seine Anlagen nicht entfaltet, an seiner Bestimmung vorbeilebt, kurzum in die falsche Richtung unterwegs ist. Ein Unfall kann symbolisch für Umdenken oder Umkehr stehen. Auf jeden Fall sollte ein Unfall als Aufforderung zum »Anhalten« gesehen werden. Hier und sofort sollte man einen »Zwischenstopp« einlegen, in sich gehen und sich die Fragen stellen: »Was läuft gerade schief in meinem Leben?« »Was habe ich vor?« »Stehen die Zeichen auf Umkehr oder Neubeginn?«

Oft sind es aber nicht äußere Umstände, sondern innere Stimmen, die uns flüstern: »Bei der nächsten Möglichkeit bitte wenden«. Man hat das Gefühl, zwar auf dem Weg zu einem Ziel zu sein, das aber nicht das eigene ist. Man fühlt sich wie im falschen Film, hat jedoch ein schlechtes Gewissen, zum Beispiel das Studienfach zu wechseln. »Das kann ich meinen Eltern nicht antun!« Aber sich selbst kann man es antun, das Falsche zu studieren und mit seiner Wahl ein Berufsleben lang unzufrieden zu sein.

Etwas Altes loszulassen ist immer wie ein Abschied, es hat mit Sterben und Tod zu tun. Aber ohne Abschied gibt es keinen Neubeginn. Falls Sie erkennen, dass Ihr Ziel falsch ist, sollten Sie sich von ihm verabschieden. Also korrigieren Sie Ihren Kurs so lange, bis Sie auf dem richtigen Weg sind. Es gibt Ziele, die manchmal so unerreichbar sind, als wollten sie uns durch ihre große Entfernung einen Hinweis geben, dass wir den falschen Kurs eingeschlagen haben.

Etappe 9: Kurs halten
Kontrollieren Sie immer wieder Ihren Kurs, nehmen Sie eventuelle Kursänderungen vor, aber verlieren Sie Ihr Ziel nicht aus dem Auge! Das oberste Ziel ist das, das Ihnen zu einem authentischen Leben verhilft. Es muss Ihren Wünschen, Ihren früheren Träumen, Ihren Fähigkeiten entsprechen und Sie glücklich machen. Halten Sie unterwegs Kontakt zum Ziel. Wie weit ist es noch entfernt? Können Sie es schon hören, sehen, riechen oder ahnen? Sie können es vor Ihrem inneren Auge hoffentlich bereits visualisieren.

Stellen Sie sich vor, wie Sie sich fühlen werden, wenn Sie Ihre Prüfung bestanden haben. Wen werden Sie anrufen? Was werden Sie empfinden, wenn Sie den ersehnten Job bekommen? Was machen Sie als Erstes und dann als Zweites? Legen Sie sich jetzt schon einen Plan zurecht. Angetrieben von meinen Urlaubsplänen, die sich aufgrund dieses Buches so gut wie erledigt haben, habe ich doch noch das Ziel, früher als vorgesehen abzugeben. Dann werde ich mich mit meinen Hunden in mein Wohnmobil setzen und wir werden Richtung Meer fahren. Ich sehe die beiden jetzt schon am Strand herumtollen, die Herbstsonne scheint, ich sitze im Sand und schaue Ihnen zu. In mir spüre ich das Gefühl, es geschafft zu haben.

Stellen Sie sich die Frage, was Sie tun, nachdem Sie dieses Buch gelesen haben.

- Suchen Sie sich Unterstützung von den richtigen Reiseleitern.
- Suchen Sie sich Reisebegleiter. In die Wüste und ins Gebirge soll man nie alleine gehen.
- Wenn Sie sich für ein Ziel entschieden haben und den ersten Schritt gehen, wird Ihnen der Weg entgegenkommen!
- Rein theoretisch können wir jeden Tag und jede Stunde damit beginnen, unser Leben zu verändern.
- Wenn meine innere Bereitschaft vorhanden ist, wenn meine Glaubenssätze stimmen, kann mich nichts mehr von meinem Ziel trennen.
- Hinter der Perfektion steckt die Angst, etwas falsch zu machen.
- Ein Mensch, der nicht arbeitet und gefordert ist, verwahrlost langsam, aber sicher! Menschenwürde und Arbeit gehören zusammen.
- Auch wenn es nicht immer so aussieht: Sie kommen Ihrem Ziel täglich einen Schritt näher!
- Wir suchen über den Umweg weit entferntere Ziele als das, was wir in unserer Nähe schon lange haben.
- Wenn man sich verlaufen hat, sollte man sich nicht scheuen, andere nach dem Weg zu fragen.
- Wenn man sein Ziel kennt, findet man auch seinen eigenen Trampelpfad.
- Wenn man selbst genug hat, kann man dem anderen alles gönnen. Dann sind Konkurrenz und Eifersucht keine Themen mehr.
- Der richtige Ort ist immer dort, wo ich gerade bin, denn nur dort bin ich ganz bei mir!

6. »Nach 500 Metern haben Sie das Ziel erreicht« oder: Wie es danach weitergeht

Sie sind also an Ihrem Ziel angekommen! Ihr Navigationssystem meldet, dass Sie es in Kürze erreichen werden. Sie haben Ihre Prüfung bestanden, Ihr Gewicht gehalten, Ihr Projekt abgeschlossen, Ihr Haus abbezahlt oder Ihren Traummann geheiratet. Sie haben Ihren Umzug hinter sich gebracht, Sie fahren Ihr Traumauto, Sie haben sich nach langer Krankheit erholt und gehen die ersten Schritte oder Sie haben Ihr Manuskript abgegeben und Ihren Schreibtisch aufgeräumt. Sie haben es geschafft.Wie fühlen Sie sich jetzt? So, wie Sie es sich am Anfang Ihres Weges vorgestellt haben? Unendlich glücklich? Sehr erleichtert? Beschwingt? Vollkommen aus dem Häuschen? Hysterisch? Übermütig? Oder einfach nur erschöpft und leer?

Bei manchen Zielen realisiert man nicht sofort, dass man sie hinter sich gelassen hat, weil sich das Gefühl, von dem man glaubte, dass man es haben werde, nicht einstellt. Anstatt der erwarteten Euphorie und eines Freudentaumels nach bestandener Prüfung fühlt man sich nur ausgepowert. Man merkt vielleicht an den Menschen in der Umgebung, dass etwas Einschneidendes passiert ist: »Du hast also den neuen Job bekommen? Ich gratuliere dir«. Und wie reagiert Ihr Umfeld? Wer freut sich wirklich mit Ihnen? Wer gratuliert Ihnen, wer holt Sie vom Bahnhof ab? Wer missgönnt Ihnen Ihren Erfolg? »Pass auf, dass die dich nicht über den Tisch ziehen«, war die Reaktion des Partners einer Autorin, als diese freudestrahlend ihren ersten Buchvertrag präsentierte. Sie fühlte sich daraufhin so, als hätte man sie aus einer Höhe von 2000 Metern abgeschossen. Kein Wunder, dass man es manchmal vorzieht, seine Erfolge zu verschweigen.

Ein erreichtes Ziel, und sei es auch noch so klein, sollte gefeiert werden. Als Dank an die treuen Wegbegleiter, die geduldig mit uns waren, als Dank an die Götter und ein bisschen darf man auch sich selbst feiern. Erreichte Ziele markieren oft Lebensabschnitte und sind Höhepunkte im Leben, die sich wie Perlen auf einer Schnur aufreihen lassen, an die man sich im weiteren Verlauf des Lebens stets erinnern sollte. Kehrt man diese Höhepunkte unter den Tisch, verblassen auch die Erinnerungen daran. Also würdigen Sie dieses Ereignis. Wenn Sie nicht gefeiert werden, dann feiern Sie sich selbst. Und zwar sofort, solange Ihre Erleichterung und Freude noch präsent sind. Nutzen Sie Ihre gute Laune und laden Sie sich diejenigen Menschen ein, die Sie von Herzen unterstützt haben und sich mit Ihnen freuen können.

Sie haben eine Leistung vollbracht, und es ist egal, wie Sie sich belohnen, aber tun Sie es. Sie haben das Recht, stolz auf sich zu sein, Sie alleine haben diese beschwerliche Zeit gemeistert, den Weg zurückgelegt und alle Hindernisse überwunden! Verreisen, trinken, tanzen Sie, gönnen Sie sich etwas, seien Sie nett zu sich selbst! Feiern Sie, wenn es sein muss, alleine. Stoßen Sie mit sich selbst an, gratulieren Sie sich, dass Sie es geschafft haben. Denken Sie an Ihr Konto Selbstwert! Erinnern Sie sich noch an den Anfang Ihrer Reise, als das Ziel in weiter Ferne lag? Wie haben Sie sich damals Ihre Ankunft vorgestellt? Großer Bahnhof? »Wenn ich diesen Auftrag bekomme, werde ich ein rauschendes Fest feiern!« Der Auftrag ist da, das Fest fand bis heute nicht statt, das Glücksgefühl versackte in der Hektik des Alltags.

Ich mache jedes Mal, wenn ich mein Manuskript an den Verlag geschickt habe, ein Fest. Egal an welchem Wochentag. Das letzte Mal fiel der Tag auf einen Donnerstag, aber mitten in der Woche war kaum jemand zum Feiern zu überreden. Die Welt ist voller Spaßbremsen und Frühaufsteher! Aber dieser Abend mit einer Freundin wurde feuchtfröhlich mit ungezählten White Russians ohne richtige Grundlage, und der nächste Tag diente der Erholung.

Diese Abende dienen außerdem dazu, einen Übergang von einem isolierten Leben im Ausnahmezustand hin zu einem gesellschaftlichen mit anderen Menschen zu markieren. Hinzu kommt noch ein therapeutischer Aspekt dieses »Übergangsritus«: Er tröstet mich über das »Loch« hinweg, in das ich immer falle, wenn ich mit dem Schreiben fertig bin. Das erwartete euphorische Gefühl will sich bei mir nie einstellen. Es ist jedes Mal das Gleiche: Das Buch ist fertig, das Manuskript geht per Mail an den Verlag – das war's! Ziel erreicht. Endlich habe ich es geschafft, aber ich fühle mich leer, verlassen und traurig.

Ein Ziel erreicht zu haben bedeutet auch, Abschied nehmen zu müssen von einem langen Weg, von einer intensiven Zeit. Wenn man nach einer langen Reise aus dem Zug aussteigt, verabschiedet man sich von seinen Mitreisenden. Vielleicht sind sie einem im Laufe der Reise ans Herz gewachsen und nun steht man selbst an einem Wendepunkt. Das Alte liegt hinter einem und das kommende Neue ist noch nicht sichtbar. Vielleicht empfindet man diesen Zustand wie ein Vakuum, aber auch dieses hat die Tendenz, sich zu füllen. Es ist nur eine Frage der Zeit, bis neue Ziele auftauchen, die es zu realisieren gilt. Zum Glück ist die Erde keine Scheibe, an deren Rand Sie sich jetzt befinden und Sie beim nächsten Schritt in den Abgrund stürzen würden. Die Welt ist rund und wann immer Sie an einem Ziel ankommen, ist dieses nur der Ausgangspunkt für eine neue Reise. Das Leben ist nicht linear. Das Ziel ist nur das Ende dieses Weges und gleichzeitig der Beginn eines neuen. Vielleicht führt der Weg weiter in dieselbe Richtung? Die Ausbildung ist abgeschlossen, und die nächste Etappe wartet schon. Vielleicht führt der Weg aber auch in eine ganz andere Richtung? Die Ausbildung ist abgeschlossen, und es findet eine totale Umorientierung statt.

Sie brauchen jetzt ein neues Ziel, denn ohne Ziel gibt es keinen Weg. Solange Sie Ziele haben, sind Sie auf Ihrem Weg. Dieser Weg führt zum eigentlichen Ziel: Ein authentisches Leben zu führen, in dem man, egal wo man ist, sich immer am Ziel befindet: Ganz bei sich selbst.

Literaturliste

- Bamberger, Günter G.: Lösungsorientierte Beratung. Praxishandbuch, Weinheim 2001
- Berne, Eric: Spiele der Erwachsenen. Psychologie der menschlichen Beziehungen, Reinbek bei Hamburg 2006
- Berne, Eric: Was sagen Sie, nachdem Sie Guten Tag gesagt haben? Psychologie des menschlichen Verhaltens, Frankfurt am Main 2004
- Bono, Edward de: Serious Creativity. Die Entwicklung neuer Ideen durch die Kraft des lateralen Denkens. Stuttgart 1996
- Birkenbihl, Michael: Schnellkurs zum Lebenskünstler: Lebenskunst in kleinen Schritten, München 1994
- Cameron, Julia; Bryan, Mark; Allen, Catherine: Der Weg des Künstlers im Beruf. Das 12-Wochen-Programm zur Steigerung der Kreativität, München 2001
- Chen, Chao-Hsiu: Lächelnde List. 3 x 36 Erfolgsstrategeme aus dem alten China. Kreuzlingen/München 2001
- Chopra, Deepak: Lerne lieben, lebe glücklich, München 2000
- Coelho, Paulo: Handbuch des Kriegers des Lichts, Zürich 2001
- Edwards, Betty: Garantiert zeichnen lernen, Reinbek bei Hamburg ^{6}2000
- Ferrucci, Piero: Werde was du bist. Selbstverwirklichung durch Psychosynthese, Hamburg 2005
- Gafni, Marc: Seelenmuster. Der Schlüssel zur individuellen Lebensaufgabe und Erfüllung, München 2002
- Gelb, Michael J.: Das Leonardo-Prinzip. Die sieben Schritte zum Erfolg, Berlin 2005
- Gladwell, Malcolm: Der Tipping Point. Wie kleine Dinge Großes bewirken können, Berlin 2000
- Gibran, Khalil: Der Prophet, München 2003
- Griscom, Chris: Leben heißt Lieben. Die spirituelle Kraft des Weiblichen, München 1990

- Herrigel, Eugen: Zen in der Kunst des Bogenschießens, Bern, München, Wien 1999
- Hofmann, Albert: Einsichten, Ausblicke. Essays, München 1986
- Jeanmaire, Alexander: Der kreative Funke. Handbuch für Kreativität und Lebenskunst, Witten 2004
- Klein, Stefan: Die Glücksformel oder Wie die guten Gefühle entstehen, Reinbek bei Hamburg 2003
- Krishnamurti, Jiddu: Einbruch in die Freiheit, München 2005
- Krotoschin, Henry: Huna-Praxis. Bewusste Lenkung des Schicksals, Berlin 1999
- Laotse: Tao Te King. Das Buch vom Lauf des Lebens – ein Juwel chinesischer Weisheitsliteratur, Bern, München, Wien 1999
- Mücke, Klaus: Probleme sind Lösungen, Potsdam 2003
- Mücke, Klaus: Hilf dir selbst und werde, was du bist, Potsdam 2004
- Osho: Freude. Das Glück kommt von innen, Berlin 2005
- Osho: Mut. Lebe wild und gefährlich, Berlin 2004
- Osho: Intuition. Einsichten jenseits des Verstandes, München 2003
- Pohle, Rita: Weg damit! Entrümpeln befreit, Kreuzlingen/München 2000
- Pohle, Rita: Weg damit! Die Seele befreien. In sieben Wochen das Leben entrümpeln, Kreuzlingen/München 2003
- Pohle, Rita: Weg damit! Die Liebe befreien. Wie Sie Ihre Beziehung entrümpeln, Kreuzlingen/München 2004
- Pohle, Rita: Feng Shui für die Seele. Acht Wege zur eigenen Mitte, Kreuzlingen/München 2005
- Rautenberg, Werner, Rüdiger Rogoll: Werde, der du werden kannst. Persönlichkeitsentfaltung durch Transaktionsanalyse, Freiburg 1980
- Riemann, Fritz: Grundformen der Angst. Eine tiefenpsychologische Studie, München 2003
- Robbins, Anthony: Das Robbins Power Prinzip. Wie Sie Ihre wahren inneren Kräfte sofort einsetzen, München 1991
- Saward, Jeff: Labyrinthe und Irrgärten. Geschichte, Verbreitung, Bedeutung, Aarau und München 2003
- Spitzer, Manfred: Nervensachen. Geschichten vom Gehirn, Frankfurt/M: 2005

- Spitzer, Manfred: Vorsicht Bildschirm! Elektronische Medien, Gehirnentwicklung, Gesundheit und Gesellschaft, München 2006
- Steiner, Claude: Wie man Lebenspläne verändert. Die Arbeit mit Skripts in der Transaktionsanalyse, Paderborn 1982
- Tepperwein, Kurt: Die geistigen Gesetze. Erkennen, verstehen, integrieren, München 1992
- Tepperwein, Kurt: Bewusstseinstraining. Bewusst-Sein als Weg zur Erfüllung, München 2001

Die Autorin

Rita Pohle, Dr. phil., M.A., Industrial Designerin HdK, studierte zunächst Germanistik und Politologie an der Freien Universität Berlin, danach Industrial Design an der Hochschule der Künste in Berlin.

Sie lebt und arbeitet selbstständig als Interior und Industrial-Designerin und Beraterin in Stuttgart im eigenen Büro »design & consulting«.

Als Designerin gestaltet sie Geschäfts- und Privaträume nach den Prinzipien des Feng Shui. Ihr Interesse gilt der Verbindung zwischen Außenräumen (Häusern und ihren Räumen) und den inneren Räumen (Befindlichkeiten) der Menschen. In ihren Seminaren vermittelt sie Feng Shui als Gestaltungslehre und als Technik der eigenen Lebensgestaltung.

2004 absolvierte Rita Pohle eine Ausbildung zur systemischen Therapeutin. Seitdem bietet sie auch Beratung und Coaching an, um die Menschen an ihre kreativen Potenziale zu führen.

info@fengshuidesign.de
www.fengshuidesign.de
www.fengshuinetwork.eu
www.spaceclearing.de

Rita Pohle
Feng Shui für die Seele
Acht Wege zur eigenen Mitte

160 Seiten, Broschur
ISBN 978-3-7205-2660-9

Rita Pohle berät seit vielen Jahren Menschen, ihr Leben nach Feng Shui auszurichten. In *Feng Shui für die Seele* wendet sie die Prinzipien des Feng Shui an, um Ihnen Wege zu zeigen, zu innerer Balance und Ausgeglichenheit zu gelangen.

Gehen Sie auf eine Reise, die Ihr Leben grundlegend verändern kann – und wählen Sie Ihren Weg, um zu sich selbst zu finden!

ARISTON

Rita Pohle
Weg damit! Entrümpeln befreit
*Broschur, 204 Seiten,
ISBN 978-3-7205-2244-X*

Bereits im Flur stolpert man über Kartons, die man schon immer wegwerfen wollte, der Kleiderschrank quillt über und in nicht gelesenen Zeitungen droht man zu ersticken. Kurz – wir kämpfen täglich mit unserem Gerümpel. Doch was brauchen wir wirklich, was macht uns glücklich? Und was ist Ballast, was belastet oder blockiert uns? Alles, womit wir uns umgeben, hat Einfluss auf unser Wohlbefinden. Darum weg mit allem, was stört! Weg mit den Dingen, die wir nicht mögen, mit den Menschen, die uns nerven, mit den Aktivitäten, die uns einfach zu viel werden. Bringen Sie Freiräume in Ihre Umgebung und in Ihr Leben!

ARISTON